联系方式

地　址：北京市海淀区西土城路25号，100088

中国政法大学 法学教育研究与评估中心

《中国政法大学教育文选》编辑部

电　话：010-58908099

邮　箱：lihuimin99@sina.com

中国政法大学教育文选

（第30辑）

田士永◎主编　　李慧敏◎副主编

中国政法大学出版社

2021 · 北京

图书在版编目（CIP）数据

中国政法大学教育文选. 第30辑/田士永主编. —北京：中国政法大学出版社，2021.12
ISBN 978-7-5764-0226-1

Ⅰ.①中…　Ⅱ.①田…　Ⅲ.①高等学校—教学研究—文集　Ⅳ.①G642.0-53

中国版本图书馆CIP数据核字(2021)第279990号

出版者　中国政法大学出版社
地　址　北京市海淀区西土城路25号
邮寄地址　北京100088信箱8034分箱　邮编100088
网　址　http://www.cuplpress.com (网络实名：中国政法大学出版社)
电　话　010-58908289(编辑部) 58908334(邮购部)
承　印　北京九州迅驰传媒文化有限公司
开　本　720mm×960mm　1/16
印　张　12.5
字　数　190千字
版　次　2021年12月第1版
印　次　2021年12月第1次印刷
定　价　59.00元

目　录

C O N T E N T S

教育与评价

教育模式

Jiao Yu Mo Shi

新时代金融科技创新人才培养体系研究*

丛颖男　徐浩然　张　巍**

目前，中国正处于实现“两个一百年”奋斗目标的历史交汇点上，是新一轮产业变革的技术换挡期，也是中国建设科技强国、发展数字经济、助力经济社会发展的战略机遇期。科技创新的新趋势推动着传统金融行业与技术的深度跨界耦合发展，也改变了原有的生产方式、组织形式和竞争格局，金融行业科技化、数字化、网络化、智能化已成为基本趋势。

新技术与实体经济融合、新技术与传统金融业结合、新技术辅助监管等新兴交叉产业的出现和发展，对创新型、复合型人才提出了巨大的需求，目前高校在培养此类人才的方面较为薄弱，缺少系统性的人才培养方案及普适性的方法论。本文充分考察金融科技、监管科技行业对人才需求的特点，结合高校现有教育体系与学科特点，对如何更好地培养复合型创新人才进行了探索。

* 本文系教育部产学合作协同育人项目“商业大数据分析实践基地建设研究”（项目编号：201902005054），中国政法大学研究生教改项目“商业大数据高端人才培养体系探索”（项目编号：YJLX2013），中国政法大学本科生教改项目“法商大数据复合型高端人才培养模式研究”（项目编号：JG2021A028）研究成果。

** 丛颖男，中国政法大学商学院讲师。徐浩然，中国政法大学商学院硕士研究生。张巍，中国政法大学商学院教授。

一、引言

当前，大数据、人工智能、5G 通信、物联网、区块链等新一代信息技术与金融的结合正在颠覆传统金融领域的固有发展模式，不断革新的技术冲击着传统的金融业[1]。作为金融与高新技术融合而成的新兴行业，金融科技（Fintech）近年来蓬勃发展，产生了巨大的经济效益与社会效益，很大程度上提高了金融服务的效率和包容性，增加了线上服务的种类，优化了个人、个体工商户与小微企业的服务质量，拓宽了金融服务的覆盖范围，也为后疫情时代复工复产作出了巨大贡献。

（一）金融科技已成为新一轮金融与技术创新的重要驱动力

在金融领域，以人工智能（AI）、区块链（Blockchain）、云计算（Cloud Computing）、大数据（Big Data）为代表的“ABCD”智能化技术的集成应用促使金融业务不断创新、金融产品日渐丰富、资源配置更加高效、配套服务有效延伸，金融科技行业与新兴技术的融合程度随着技术的更新换代逐渐加深。金融科技通过互联网、物联网和智能化，打造一个价廉、高效、边界透明的新金融体系，将大数据技术应用在信息采集、投资决策、风险控制等方面，如第三方支付、大数据征信、智能投顾、供应链金融等，从而推动传统金融行业的变革，使得市场营销更加精准，业务场景更加精细，风险管理更加完善，实现了金融服务智慧化、集约化发展，有效提高了工作效率[2]。因此，发展兼具金融创新与科技革命特征的金融科技有着客观的必然性。

目前，无论是投融资总额，还是专利数量，中国都已逐渐成为全球金融科技的领跑者。根据 2019 年 11 月毕马威（KPMG）与澳大利亚知名金融科技风投机构 H2 Ventures 联合发布 2019 年全球金融科技 100 强榜单（Fintech 100），中国企业占据其中的 10 个席位，仅次于美国和英国，且排名整体靠前，在前 10 名中占据了 3 个席位，其中蚂蚁金服位列榜首，京东

---

[1] 肇启伟、付剑峰、刘洪江：《科技金融中的关键问题——中国科技金融 2014 年会综述》，载《管理世界》2015 年第 3 期，第 164~167 页。

[2] 李伟：《金融科技发展与监管》，载《中国金融》2017 年第 8 期，第 14~16 页。

数字科技居于第三。根据世界知识产权组织（WIPO）专利数据库发布的数据显示，截至2019年末，全球累计有33个国家、3909家企业申请了金融科技专利，专利规模达到14 706件。在《2020年全球金融科技专利排行榜TOP100》中，中国有48家企业进入榜单，覆盖传统金融行业、金融科技、互联网、电商、科技、通信等领域，其中中国平安以1604项金融科技专利申请量位列全球第一，阿里巴巴以798项名列第二。

回顾中国改革开放以来的发展经验，在经济快速发展与财富迅速积累的关键时期，金融行业通过金融创新，积极参与城乡经济与开放型经济的建设，有力地支撑了社会主义市场经济发展。2020年10月，习近平总书记在《中共中央关于制定国民经济和社会发展第十四个五年规划和二〇三五年远景目标的建议》中指出，在金融行业发展方面，构建金融有效支持实体经济的体制机制，提升金融科技水平，增强金融普惠性。

（二）金融科技正逐步成为推动新旧动能转换的新引擎

面对金融科技行业的快速发展，传统金融机构与部分非金融机构也采取自主研发或者寻求合作等形式大力追赶金融科技行业的发展趋势，以应对金融科技对传统行业与业务的冲击，新一轮跨行业的改革正悄然发生〔1〕。国际上，高盛、摩根士丹利、花旗、汇丰、德银等金融机构相继成立金融科技子公司，逐步推动金融科技服务专业化。从国内来看，自2015年起，中国兴业银行、平安银行、招商银行、中国建设银行等商业银行相继成立了金融科技子公司。2017年3月，中国工商银行完成了七大创新实验室的组建；2018年4月，中国建设银行推出无人银行，实现个人业务机器办理。除了传统银行业，2019年下半年央企更是大举进军区块链市场，在互联网金融、第三方支付、交易金融、区块链金融等一些发展迅猛的领域，通过协同产业链的中小微企业及服务机构快速上链，国家链网已初具规模。截至2019年12月，已有32家央企明确涉足区块链领域，占比升至央企总数的三分之一。

---

〔1〕 邱晗、黄益平、纪洋：《金融科技对传统银行行为的影响——基于互联网理财的视角》，载《金融研究》2018年第11期，第17~29页。

从2013年互联网的金融元年到2016年金融科技的崭露头角、再到2019年金融科技实现全行业覆盖，中国金融科技行业逐渐成为社会产业创新与进步的重要推手。据中国人民银行《中国普惠金融指标分析报告（2018年）》与中国支付清算协会提供的数据显示，自2015年以来，在线支付市场迅速扩大，截至2018年末，用户规模达到6.59亿人，其中使用电子支付的成年人比例为82.39%，以电子支付为代表的金融科技普及率在全世界遥遥领先。金融科技让我们生活更加便利的背后是中国金融科技企业的蓬勃发展，金融与高新技术的结合，不仅推动了金融科技行业快速发展，还催生了新的商业模式、创新了产品设计的流程，促进了实体企业将技术优势快速转化为创新优势、创业优势和创富优势，使资金与技术迅速、持续产生价值[1]。2013年，中国的金融科技营业收入规模仅695.1亿元，到2018年已上涨至9698.8亿元，增长约14倍。

除了支撑实体产业持续创新，金融科技相关技术还在大宗商品交易、供应链与物流体系、国家监管与治理体系、征信服务体系、医疗健康服务平台、公益捐赠与扶贫等领域具有广泛的应用前景与价值。例如，在本次新冠肺炎疫情期间，基于区块链的票据技术确保了企业在无人员接触的情况下快速完成货款交割，既保障了信用交易在多层交易模式下的可靠性，又满足了中小微企业在极端情况下的资金需求。绿色、高效的金融科技技术以其强大的需求适配能力、风险管控能力和创新管理能力，为疫情结束后的企业复工复产打下坚实基础，也为实体经济赋能，具有溢出带动性很强的“头雁”效应。

（三）金融科技有效助力新文科的学科建设与创新人才培养

当前，面对“百年未有之大变局”与已然到来的数字化、信息化、智能化时代，在推动数联、物联、智联发展的同时，也倒逼着传统文科的研究范式与工具的变革。2019年4月，教育部等13部委联合启动“六卓越

[1] 解治春、赵兴芦、刘媛：《金融科技发展与商业银行的数字化战略转型》，载《中国软科学》2018年第8期，第184~192页。李春涛等：《金融科技与企业创新——新三板上市公司的证据》，载《中国工业经济》2020年第1期，第81~98页。王聪聪等：《互联网金融背景下的金融创新和财富管理研究》，载《管理世界》2018年第12期，第168~170页。

一拔尖”计划 2.0，全面推进新工科、新医科、新农科和新文科建设。2020 年 7 月，全国研究生教育会议决定在原有文、史、哲、经、管、法、理、工、农、医、教、艺、军等 13 个学科门类的基础上，新增“交叉学科”作为第 14 个学科门类，推动学科交叉与融合。同年 11 月，教育部正式发布《新文科建设宣言》，着眼于新文科建设与人才培养，推动传统文科与社会科学、文科与工科、文科与理科等科际间交叉整合，形成人文科学与社会科学的新定位、新理念、新标准、新理论、新模式、新专业、新课程、新体系。以财经为例，越来越多的财经研究跨越了传统经济学与管理学范畴，不仅利用传统文科中法学、哲学、社会学的研究范式，还结合数理统计学、运筹学、计算机科学、数据科学的研究方法，突破传统文科思维，构建新文科视野。

事实上，新文科的最大特点是文理交叉，以确保新文科发展的科学性，即运用数据科学、大数据分析、人工智能等先进的信息技术，逐步实现由传统人文社科的规范研究与实证研究向以数学建模、仿真模拟、数据挖掘为代表的量化研究转型。随着知识创造与信息技术的融合程度不断加深，学科交叉与融合的趋势越发明显。如何立足于中国国情、坚持中国道路、发展具有中国特色的金融科技理论与实践成果，打破以西方为主导的金融科技学科体系与人才培养模式成为今后金融科技学科发展的关键〔1〕。此外，金融科技的发展与创新创业具有天然的内在联系，作为新文科的代表学科之一，注重金融科技学科建设与人才培养不仅仅由于其技术的“新”，更在于其创新的“新”，是对新产业挑战的回应。2020 年 10 月 29 日，习近平总书记在十九届五中全会中明确指出，创新在我国现代化建设全局中处于核心地位。统筹推进科教兴国战略、人才强国战略和创新驱动发展战略，三者协同发展，培育堪当中华民族伟大复兴重任的新时代通才式、跨界式人才，为共建“一带一路”、京津冀协同发展、长江经济带建设、粤

---

〔1〕 Panos Georgios A., Wilson John O. S. Wi. “Financial Literacy and Responsible Finance in the FinTech Era: Capabilities and Challenges”, *The European Journal of Finance* 2020, 26 (4-5), pp. 297-301. 周方召等：《金融科技背景下金融学人才培养模式的挑战与优化》，载《金融理论与教学》2021 年第 2 期，第 94~98 页。

港澳大湾区建设等高质量区域协调发展战略贡献力量〔1〕。

总体上看，金融科技已在世界上各主要地区、经济体出现，尽管与整个金融体系相比，金融科技活动规模较小，但是在部分经济体中已不再是局限于某种业务领域的利基活动（niche activity），而是正在步入金融服务的主流，并逐步壮大规模到具有重大经济意义〔2〕。随着2019年6月中国工信部正式向运营商发放了5G商用牌照，高效的数据传输速率也必将成为金融科技服务的发展保障。为了让中国在金融科技这一新兴领域走在理论与应用最前沿，取得产业创新优势，建立与之前匹配的新时代金融科技人才的培养体系就显得尤为必要。

二、现阶段金融科技人才的发展现状与制约因素

建设创新引领、协同发展的金融科技产业体系离不开相关人力资源的协同发展。从产业周期来看，大部分金融技术业务在早期甚至相当长的一段时间内将面临无利润的现实挑战，以资金为表现形式的回报很少甚至没有，金融科技企业没有足够的资源培养符合自身需要的实用型金融科技人才。当前金融科技人才培养主要依托于高校培养，而作为金融科技产业突围的核心竞争力，制约金融科技快速发展的最大问题是尚未形成高校人才培养体系与金融科技产业之间的良性循环，专业型、复合型人才明显不足，高校人才培养体系的优势与特色不明确。

（一）高素质专业人才缺口较大、错位现象比较严重

随着金融技术与监管科技的发展，金融科技产业布局的速度正呈现加速增长的态势。以区块链为例，市场研究公司（IDC）发布的《全球半年

---

〔1〕 孙方娇：《科技与金融结合背景下金融教学改革与人才培养》，载《上海金融》2013年第8期，第113~114页。张云、杨凌霄、李秀珍：《Fintech时代金融人才培养实验实训体系重构》，载《中国大学教学》2020年第1期，第24~30页。

〔2〕 Sofie Blakstad, Latif Amars, "FinTech at the Frontier: Technology Developments Supporting Financial Inclusion in Niger", *Journal of Digital Banking* 2020, 4（4）, pp. 318 – 331. Samuel Fosso Wamba, Jean Robert Kala Kamdjoug, Ransome Epie Bawack, John G. Keogh. "Bitcoin, Blockchain and Fintech: A Systematic Review and Case Studies in the Supply Chain", *Production Planning & Control: The Management of Operations* 2020, 31（2-3）pp. 115-142.

度区块链支出指南》最新报告显示，中国区块链企业已由2015年的2156家增长至2019年的36 334家，2023年中国区块链市场支出规模将达到20亿美元。

金融科技产业高速发展、业务不断更新，同时也产生了对新型人才迫切的需求，对人才素质的要求逐步提高。2014年中国本硕博金融学毕业生人数超过20万人，约占毕业人数的6%，但由于传统金融学院人才无法有效适配金融行业的变革，每年高校的大批金融毕业生也面临着“毕业即失业”的困境，现有金融基层服务人员也面临重新择业的风险，这导致传统金融人才培养过剩，新型金融人才严重短缺，加剧了金融科技人才的供需矛盾。根据普华永道发布的《2018年中国金融科技调查报告》显示，中国77%的机构在不同程度上存在招聘和保留金融科技人才的困难，受访者最看中同时拥有技术开发和金融行业经历的复合型金融科技人才，技术类人才缺口明显。

随着人才市场中金融科技岗位需求急剧增加，求职者数量相对较少，导致其他行业人员跟风涌入该领域，使得该领域人才构成越发复杂，人才“错位”的现象越发严重[1]。对于公司而言，人才结构以技术人员为主，缺乏理解业务逻辑的产品经理；而政府人员主要为监管人才，缺乏理解技术应用的业务干部。现有人才培养方式难以真正符合用人单位的职位要求，导致从业人员的实际专业技能较为薄弱，实用型、复合型专业人才严重不足，制约了金融科技产业的发展。

不可否认的是，金融科技的财富效应是吸引其他行业人才相继涌入该领域的主要原因，进而会有狂热的市场投资者跟风投资金融科技市场，导致金融科技从业人员过分追求短期利润，而忽视产业成长规律与技术创新价值。早期部分市场培训机构在培育金融科技人才时，向潜在的市场从业者过分解读金融科技人才创富的成功案例，使得部分初入金融行业的从业者更愿意去追求回报率高的大项目，而不愿意从事金融科技的基础工作，使金融科技人才的价值观与财富观扭曲。此外，人才招聘过程中重点考察

---

[1] 洪银兴:《科技金融及其培育》，载《经济学家》2011年第6期，第22~27页。

技术和业务能力，忽视了金融科技人才职业道德素养与其应承担的社会责任，造成了部分金融科技人才遵纪守法的意识淡薄，缺乏政治意识与大局意识，金融科技人才职业道德教育亟待提高。

在此次疫情中，金融科技对稳定经济运行发挥了巨大作用[1]。当前，世界主要经济体之间的贸易竞争逐渐加剧，从贸易摩擦逐步蔓延至金融、科技、教育等领域，形成以经济与科技为代表的综合国力竞争。为了有效应对经济的新形势与新变化，培养高素质金融科技专业人才势在必行。与此同时，数字经济的加速发展也使从业机构认识到金融科技对社会经济发展的重要性，对稀缺科技人才与运营团队的需求更加迫切。

（二）高校培养体系相对滞后、培养目标不明确、特色不突出

金融科技公司在招聘时，要求应聘者具有理论基础与一定的实践经验。尽管在实际工作中，经验更为重要，但是在金融科技领域，尤其是在技术相关岗位招聘时，用人单位首先关注的是从业者的学历与专业。然而，目前高校在培养金融科技人才方面较为薄弱，缺少系统性的人才培养方案及普适性的方法论。从培养体系上看，金融科技人才目标定位不明确，各级高校课程设置不清，学科特色优势不明显，缺乏具有国际视野的、系统且完备的学科体系与人才培养体系。

国内专家早期多集中于金融科技人才的职业教育[2]，在2004年提出针对高校金融科技人才培养的方案[3]，但当时并未引起足够的重视，其含义也与现今金融科技有所差异。2012年以来，由于信息技术的迅速发展，电子商务平台的支付与新零售业务蓬勃发展，中国金融界相继提出互联网金融、普惠金融、数字金融、人工智能+金融等新概念，也使其形成了不依附于传统金融体系的另一学科体系。近年来，北京大学、清华大学、中国人民大学等国内高校普遍在金融学科下属设置金融科技方向、大数据金融方向、人工智能与金融方向等，通过跨学科实验班的形式培养金

〔1〕 陆敏：《金融科技战“疫”力度可更强》，载《经济日报》2020年2月17日，第10版。
〔2〕 李纪录、张明：《培养金融科技人才的途径》，载《甘肃金融》2000年第10期，第49~52页。
〔3〕 陈静：《培养金融科技人才迫在眉睫》，载《中国金融家》2004年第6期，第93~95页。

融科技人才，如数字金融实验班、金融科技实验班，人工智能与金融实验班。然而，各类概念与金融科技概念多有重叠，造成传统金融人才培养难以明确各类人才之间的差异，也使得有限的教育资源难以集中培养金融科技人才，导致金融科技学科定位模糊。以“金融科技”与国内的“互联网金融”概念为例，二者既有联系，又有区别：联系在于二者都是金融与技术的结合；区别在于金融科技强调技术对金融行业的辅助、支持与优化作用。而互联网金融既涵盖金融行业的“金融+互联网”模式，又包括互联网行业的“互联网+金融”模式[17]。由于金融科技的概念内涵逐渐丰富，其边界逐渐模糊，普惠金融、互联网金融、人工智能金融等概念可能逐步融入“金融科技”概念体系，使得高校培养目标多为“培养系统掌握理论知识，具有创新能力和实践精神的金融人才”之类的比较空洞的描述，缺乏系统明确的金融科技人才培养目标。

从国外学科设置与归属角度看，美国、英国、加拿大、新加坡等国外大学更多采取在硕士项目中开设金融科技方向，或是增设有关金融科技课程模块，其专业多数归属于商学院，也有少数专业设置在工程学院、计算机科学技术学院。北京大学、中国人民大学、南京大学等中国高校，将其主要设置在金融学院、经济学院、商学院等经管类学院；也有如清华大学、南开大学、浙江大学等部分院校将其设置于信息学院、工程学院、管理科学学院、计算机科技学院等。此外，中国高校通过设立专业学科、培养专业人才、引入专业课程等方式积极构建金融科技人才培养体系。2017年香港中文大学成为全球首个设置金融科技本科专业的高校。2018 年，教育部批准设立了金融科技本科专业，将其设置在应用经济学一级学科下的金融类专业中，作为其下属第 10 个专业，代码为 020310T，毕业授予经济学学士学位。2019 年 3 月，教育部下发的《关于公布 2019 年度普通高等学校本科专业备案和审批结果的通知》中表明，2020 年中山大学、深圳大学、东北财经大学等 10 余所高校将开设金融科技本科专业。2020 年，清华大学通过设立计算机与金融双学士学位项目，以实现计算机与金融之间的深度融合。根据《2020 年中国区块链人才发展研究报告》显示，2016—2019 年全国已有 33 所高校开设区块链相关课程及专业，2020 年国内首个

“区块链工程”正式作为本科开设的课程进入大学课堂，标志着中国以区块链为代表的金融科技人才培养逐步规范化。

高校虽已意识到金融科技发展带来的人才培养方案的变革，但由于受到金融学科课程设置的限制，相关课程体系设置相对滞后。金融科技课程多采用专业选修课的形式作为金融学知识的补充，而专业选修课受选修课学分与学时限制，无法建立系统的金融科技知识体系。对于金融科技人才，依托金融学、计算机、信息科学等传统学科进行规划培养，其培养课程就是在金融学基础上裁撤合并部分传统金融学课程，添加创新创业课程，或是将多个专业涉及的课程简单组合，没有真正做到将金融科技专业的核心课程与用人单位的实际需求有机结合，无法满足市场的需求，反而造成了教育资源的浪费。这使得金融科技专业特色不明显，理论基础不牢靠，无法培养企业需要的金融科技人才，难以形成人才培养与实体经济之间的良性互动。因此如何通过金融科技、创新力与人才培养相结合的教学改革，培养具有自主学习能力、创新精神、创业技能和创新思维的复合型人才，成为下一步研究的重点。

（三）行业领先优势未充分转化为人才培养优势

党的十九大报告明确提出：“着力加快建设实体经济、科技创新、现代金融、人力资源协同发展的产业体系”。科技创新、现代金融、人力资源并非相互独立的关系，而是存在互补与替代效应，上述三种要素的投入是支撑实体经济发展的基础保障。2020 年 4 月，国家发展改革委明确将科技创新、现代金融和人力资源等要素的投入纳入新型基础设施建设（以下简称“新基建”）范围，强调通过提供数字转型、智能升级、创新融合等服务的基础设施体系，从而更好地服务实体经济。作为支撑信息基础设施、融合基础设施和创新基础设施的软实力，培育科技、经济、金融等方面的复合型人才就显得尤为重要。由于传统金融人才数量的增长并不适用于新经济的发展理念，难以确保实体经济行稳致远，所以培育复合型金融科技人才可以从供给质量与配置效率的角度，有效地支撑科技创新与现代金融发展，确保高素质人才在“四个协同”体系中充分自由地流动，为实体经济发展蓄能发力。

当前，培养金融科技人才仅仅是科技创新、现代金融和人力资源单个要素间的机械组合，并未实现全局联动，难以有效形成在产学研体系中金融科技人才的充分流动，也未与实体经济形成良性循环，没有充分发挥“四个协同”发展体系中对接国家战略、反哺实体经济的人才支撑作用，导致金融科技人才局部协同的短板效应抑制了产业体系中整体协同的效率与经济发展水平[1]。

金融科技作为一门理论与实践相结合的专业，注重培养学生综合运用金融基本理论、信息技术、大数据等知识解决实际存在的金融问题的能力。然而，现有“双一流”高校金融科技人才培养更多采取传统金融人才培养模式，以研究型金融科技人才为主，人才培养模式过于呆板与理论化，与金融科技实务脱节，“闭门造车”“重理论、轻实践”“以教材为主”等问题日渐突出。

根据2017—2020年各高校公布的年度预算来看，“双一流”高校的资金相比于地方高校较为充足，然而，随着以“院校”为中心的“985工程”“211工程”建设转向以“院校+学科”为中心的“双一流”建设，以学科为导向的财政拨款计划很难为金融科技这一新兴学科提供充足资金以建设配套实验室，金融科技实践课程的基础设施条件难以满足，学生的实务能力得不到充分锻炼。此外，由于金融科技人才在市场中的收入较高，高校很难负担高水平金融科技人才的薪酬。现有教师招聘制度下，大部分教师直接从校园进入校园，缺乏在金融科技行业的实践经验，造成金融科技的教师在课程中着重讲述理论，较少传授金融科技人才培养关键的实务技术经验。对此，引进或是聘请具有实务金融科技背景的教师可以有效弥补上述问题，但是在现有科研考核制度和任课经费管理下，教师没有足够精力时刻关注金融科技市场的深刻变化，缺乏知识翻新的动力，导致教师队伍建设与专业人才培养滞后于市场发展。

作为强市场导向性的学科，多数企业的金融科技业务规模较小，难以

---

[1] 李文红、蒋则沈：《金融科技（FinTech）发展与监管：一个监管者的视角》，载《金融监管研究》2017年第3期，第1~13页。

通过高校的审批流程，无法顺利与高校展开合作。现有金融科技相关的校企协同育人项目多为大型银行、证券和保险机构的传统金融项目，这使得我国金融科技的领先优势并未充分转化为人才培养优势，现有金融科技人才培养体系难以满足复杂业务发展的人才需求。

当前，高校已经意识到与社会多方合作才能培养高素质的金融科技人才。但是由于其引入社会办学的审慎态度，高校多数采取共建创新实践基地，更多是为了给学生提供实习场所，并未在教学各个环节与企业开展合作，培养出适应市场发展的金融科技人才。加之，由于金融科技行业从业素质要求较高，金融科技专业学生在实习期间很难真正参与其中，现有校企联合培养模式既增加了实习单位的用人成本，又加重了学生的课业负担，严重影响企业与学生的积极性。

三、新时代构建金融科技人才培养体系的思路与对策

金融科技作为金融领域最具创新性、融合性、发展性的前沿专业，急需熟悉金融业务与先进技术的专业复合型人才，这也要求高校抓紧开展教学探索，将金融科技、创新力与人才培养相结合，推动教学改革，培养具有自主学习能力、创新精神、创业技能和创新思维的复合型人才〔1〕。为了确保高水平创新型、复合型人才不断涌现和高质量科研成果持续产生，为产业发展提供良好动能，更好地服务于国家战略需求，本文明确提出新时代具有中国特色“讲政治，懂法律，守道德，通金融，知管理，晓技术”（以下简称“六位一体”）的金融科技人才培养体系，围绕着“加快金融科技有效转化，有力支撑产业创新”的理念，提出如下十六字发展建议：

（1）顶层设计：深入学习深入贯彻习近平总书记重要讲话精神和党中央、国务院的重要部署，基本形成全面推进、重点布局、特色发展的总体格局。坚持“一校一策一特色”的办学宗旨，鼓励综合性大学开设金融科

〔1〕　付保宗等：《加快建设实体经济、科技创新、现代金融、人力资源协同发展的产业体系研究》，载《宏观经济研究》2019年第4期，第41~52页、第97页。李建军、吕勇斌：《互联网金融课程建设与人才培养模式的思考》，载《中国大学教学》2018年第5期，第64~68页。

技专业的同时，也要引导政法类、财经类等特色高校开设具有学科特色的金融科技人才培养体系，依托于本校优势学科与专业，加强各类高校间的交流与各级学科间的融合，在现有金融学、计算机、信息科学等专业下培养金融科技人才的基础上，推进金融科技与民商法学、产业经济学、公共管理学等学科融合，统筹建立金融科技跨学科人才培养体系，培养具有中国特色的金融科技人才，将金融科技作为重要的发展方向和核心技术自主创新的重要突破口，积极实行理论、实践、创新相结合的人才培养方式，推动产业发展取得新优势。

（2）协同发展：深化“产学研”协同与合作，构建独立自主的系统化金融科技“六位一体”的复合型人才培养体系，形成实体经济与金融科技产业的良性循环。一方面，鼓励各高校与行业优势企业、创新创业型企业深度合作，通过共建实验室、研究中心和实训基地、创办校企合作课程等形式，搭建基础设施平台和实务操作平台，以加强学生的实务操作能力。鼓励校企联合开展金融科技基础理论的教学和关键核心技术的研究攻关，加强产学研体系深度融合，打破传统教学滞后于行业发展的困境。另一方面，鼓励高校的教师、科研人员与在政府、央企、国企、民企的金融科技领域工作的人员进行深入交流，掌握金融科技产业对人才的实际需求，以设计更为实用的教学方案。可以邀请产业实务人员走进校园、走上讲堂与课堂，与高校师生共同设计、建设反映行业发展的新知识、新方法、新理念、新趋势的金融科技人才培养方案。

（3）国际合作：加强国际交流学习，培养具有国际竞争力的科技创新领军人才。目前我国的金融科技产业在国际上占领先地位，但欧美发达国家在业务创新、先进技术研发、科技成果转化等方面仍有诸多优势。一方面，鼓励国内高校师生与国际知名高校、研究机构、企业互相访问学习，以引进国际化课程、共办学术会议等形式，为高校学生开设前沿课程，了解金融科技教育和实践的最新动态，不断完善以具有国际视野的实用型创新人才为导向的金融科技培养方案。另一方面，坚持道路自信、理论自信、制度自信、文化自信，立足中国国情和金融科技发展优势，打造具有中国特色的本硕博一体的金融科技人才培养体系，向国际社会提供中国方案，为国际标准贡献力量，也为金融技术转化注入活力，最终为建设自主的金融科技产业提供科技支撑和人才支撑。

(4) 抓住机遇：积极对接国家战略，以金融科技助力中国经济持续稳定地健康发展，积极形成国际国内良好的发展态势。从国内看，构建优势互补的金融科技人才区域协调发展机制，借助金融科技加快区域产业结构调整，培育优势高新技术产业，为京津冀协同发展、长江经济带发展、长江三角洲区域一体化发展、粤港澳大湾区建设、黄河流域生态保护和高质量发展等国家重大区域战略提供金融科技人才储备，积极推动东中西人才流通互动。发挥以金融科技为代表的“新基建”等软设施的作用，推动新旧动能转换与城乡经济协调发展，实现乡村振兴。从国际上看，依托“一带一路”倡议以及其他多边、区域和次区域合作机制，以“政策沟通、设施联通、贸易畅通、资金融通、民心相通”的“五通”基础上，推动高质量金融科技“人才互通”，实现市场、规则、资金、技术、人员之间的软联通，以金融科技推动投资和贸易的自由化、便利化，营造中国对外开放新格局。

四、结论

当前，以大数据、人工智能、区块链为代表的新技术正推动着新一轮产业革命，也加速了传统金融行业科技化变革的速度。近些年来，金融科技产业规模快速增长，投资者融资热情持续高涨，金融科技板块持续走高。新冠疫情暴发以来，金融科技企业运用大数据、互联网、人工智能等技术不仅为高新技术产业、高端制造业、战略新兴产业等实体经济提供低成本的资金支持，推动中国经济新旧动能转换；也通过简化交易流程、线上化操作、场景金融服务等方式为小微企业提供低门槛、低费用的便捷服务，稳步推进后疫情时代复工复产工作，确保中国经济稳中向好的势头保持不变[1]。作为金融创新发展过程中的新兴学科，金融科技的迅猛发展

---

〔1〕 薛莹、胡坚：《金融科技助推经济高质量发展：理论逻辑、实践基础与路径选择》，载《改革》2020年第3期，第53~62页。

对高校现有金融人才体系提出了新的挑战，随着金融创新发展的基本条件逐步成熟与完善，如何培养具有金融基本理论和现代信息技术能力的复合型金融科技人才将成为未来一段时间内高等教育的研究重点。

在现有金融人才培养体系下，发展金融科技专业还存在着制约因素，亟待改善。从人才市场上看，金融科技行业人才缺口加大、错位现象较为严重，高素质复合型金融科技人才持续紧缺，导致其他行业人员涌入金融科技市场，人才背景和结构日益复杂化。从培养体系上看，现阶段金融科技人才培养主要以高校培养为主，人才定位相对模糊，学科设置上更多地参考国外办学经验，缺乏学科特色，办学优势不突出。从发展现状上看，中国金融科技行业的领先优势并未与金融科技人才培养充分互补，现有金融科技人才培养与科技创新、现代金融间的联动性不足。为了更好地服务实体经济，培养金融科技行业所需的高素质复合型人才，部分头部企业积极参与高校的金融科技专业与学科体系建设，然而在现有高校的基本条件与制度下，社会力量则主要以提供创新实践基地的方式参与建设，高校并非真正实现市场导向、开门办学的目标期望。

在现有办学条件下，发展金融科技学科也有其必要性与可行性，建议金融科技人才培养体系要加强顶层设计，突出各类高校办学特色与优势，推动学科间融合，统筹跨学科复合型金融科技人才培养体系。坚持开门办学，鼓励产学研深度融合协同发展，同时不断提升国际化办学水平，培养具有国际视野的金融科技领军人才。积极参与国际国内的重大相关项目，将金融科技人才培养融入国家发展战略中，鼓励国家、地区间金融科技人才交流合作，将中国打造成金融科技人才培养的新高地。

新文科建设背景下法治创新创业教育路径探索

——基于提升法治意识与心理素质的视角

张亚琼　熊金武*

一、前言

习近平法治思想中的公平竞争法治观将全面依法治国和全面深化改革紧密联系起来，遵循市场经济规律和把握法治建设规律，是新时代指导我国市场化、法治化改革的方法论，也是指导我国加强市场法治建设的行动指南〔1〕。创新是新发展理念的核心，抓住了创新，就抓住了牵动经济社会发展全局的“牛鼻子”。深化创新创业教育是践行创新驱动战略，建设创新型国家的必然举措，法治创新创业教育是融合习近平法治思想的创新创业教育，是法治市场经济建设的需要。

随着高等教育从“精英教育”向“大众教育”迈进，高校毕业生就业形势日益严峻，大学毕业生数量将远远超过空缺岗位的数量〔2〕。根据国家统计局数据显示，近几年城镇每年需要就业的人数将保持在2400万人以上，而在现有经济结构下，每年大概

---

*　张亚琼，中国政法大学商学院讲师。熊金武，中国政法大学商学院副院长，副教授。

〔1〕　李昌郁、胡楠：《探析大学生完善法治人格的必要途径——评〈多元协同下高校法治教育体系化路径研究〉》，载《教育发展研究》2020年第Z2期，第2页。

〔2〕　罗浩：《大学生创新创业教育融合发展新策略——评〈双创时代大学生创新创业教育的融合发展研究〉》，载《中国高校科技》2020年第9期，第97页。

只能提供1100万个就业岗位，年度就业岗位缺口在1300万左右[1]。面对如此严峻的就业形势，大学毕业生创业对社会和自身都具有十分重要的意义。在此背景下，以培育创新精神和创业意识为目的的创业教育也已成为教育教学改革的重点。

美国的创业教育源于1947年哈佛大学开设的《新创企业管理》，经历了半个多世纪的发展，21世纪的美国创业教育从学科建设上建立了创业学专业，开设了完整且系统的教育体系[2][3]。2002年，我国教育部确定了清华大学、中国人民大学、北京航空航天大学等9所院校作为开展创业教育的试点院校，随后各大院校陆续开设相关课程。2014年，国务院提出"大众创业、万众创新"并颁布了计划大力推进创业教育的若干政策措施。2018年，国务院下发《关于推动创新创业高质量发展打造"双创"升级版的意见》，大大推动了我国创新创业教育的进程[4]。

2019年，"六卓越一拔尖"计划2.0和《教育部社会科学司2020年工作要点》共同提出新文科建设的重要目标，"推动哲学社会科学与新科技革命交叉融合，培养新时代的哲学社会科学家"以及"新文科建设应促进研究方法创新和学科交叉融合，引领学术发展"。如何更好地探索交叉学科有效的融合方式，是当下我国新文科建设不可回避的问题[5]。基于以往创新创业教育的经验及《中国大学生创业就业报告》的数据显示，大学毕业生创业存活率由2014届的2.9%下降到2018届的2.7%[6]。虽然自主创业成为高校毕业生缓解就业压力和实现自我成就的一个重要选择，但

---

〔1〕 城镇登记失业率，载国家统计局网：https://data.stats.gov.cn/adv.htm?m=advquery&cn=C01，最后访问日期：2021年3月18日。

〔2〕 许涛、郑文江：《美国大学创新创业教育的发展现状及其新特征》，载《现代教育技术》2019年第4期，第114~119页。

〔3〕 卓泽林：《全校性创业教育：以美国六所高校为样本》，载《教育研究》2018年第12期，第142~148页。

〔4〕 武毅英、杨冬：《近20年中国高校创新创业教育研究的知识图谱》，载《现代大学教育》2019年第4期，第53~63页。

〔5〕 崔延强、段禹：《新文科究竟"新"在何处——基于对人文社会科学发展史的考察》，载《大学教育科学》2021年第1期，第36~43页。

〔6〕 钟云华、罗筑华、唐芳芳：《大学毕业生就业质量测量指标体系建构——基于6省市15所高校抽样问卷调查数据的探索》，载《教育科学研究》2020年第9期，第30~37页。

高校大学生创业成功率低的现状并未得到改观，这为高校的创新创业教育改革提出了前所未有的挑战。创新创业教育有别于传统理论教学，对学生多元化能力的培养成为双创教育课程体系的重要组成部分，特别是以高校毕业生为主的初创企业，在实践的过程中，创业者的自身因素和外部市场环境充满了不确定性和未知性，基于单纯创业理论知识的传统教学方式已经远远无法满足大学生创业者的需求。针对新文科建设提出的要求，在创新创业课程建设的过程中，引入与其密切相关的新学科，并有效地将交叉学科融入双创教学的教育体系中，成为提高双创教育质量、改善大学生创业成功率以及响应新文科建设要求的必要手段和重要途径。

创新创业发展离不开良好的外部环境，营商环境是影响创新创业主体选择的一个重要外部市场环境因素〔1〕。法治是最好的营商环境，市场经济从某种意义上讲就是法治经济，创业、投资离不开法律的引导、保障和规范〔2〕。对于即将和走上自主创业的大学生，在创业的道路上必然会碰到各种法律问题，如果大学生创业者能够了解创业相关的法律法规和政策，以法律规范投资、经营和管理行为，将会大大提高创业成功率；反之，有可能面临权益得不到保障，纠纷不断，或者受到行政处罚甚至被追究刑事责任的风险。

除外部环境因素外，创业者作为企业的领导人，在创业过程中需要克服各种困难和问题，往往伴随着巨大的心理压力和焦虑。每一个创业者都需要了解与创业相关的心理学知识，可以从容带领团队克服创业过程中遇到的困难。由此可见，当前大学生创业者的创业失败率居高不下的原因，与大学生的法治意识和心理素质密切相关。因此，预防和减少创业失败，要注重大学生的精神健康，提升大学生心理素质和法律意识。

因此，本文重在探索在新文科建设的背景下，高校创新创业教育改革与相关交叉学科的融合教学路径，聚焦于创业相关的法律知识以及心理学

---

〔1〕 张美莎、徐浩：《营商环境优化对中小企业创新的影响——基于7069项贷款事件的实证检验》，载《软科学》2021年第3期，第83~85页、第95页。

〔2〕 严毛新：《教育行政法治化视角下的高校创新创业教育》，载《中国高教研究》2020年第3期，第71~77页。

知识，将这两部分教学内容融入双创教育的体系中，最终提出提升大学生法律风险意识及心理承受能力的教育路径，以期对我国双创教育改革实践有所裨益。

二、创新创业教学实践过程中存在的问题

高校创新创业教育课程体系是培养高素质创新创业人才的基础与前提，但目前双创教育相关学科的融合性相对不足，创新创业教育体系不健全。

第一，缺乏与创新创业相关的法治知识。近年来，我国政府为了积极鼓励高校学生创新创业，颁布了相应的优惠政策，如资金扶持、小额贷款、减免税收等。但是，由于双创教育中缺乏对法律政策的及时讲授和解读，导致学生缺少创业方面的法律意识，增加了大学生自主创业的难度，不利于学生创业成功率的提高。在课程内容上，与法律相关的教学内容、体系缺乏，没有专业法律背景的教师授课，导致教学不够专业。

第二，缺乏创新创业相关心理学教育。现有的教育体系可以划分为认知教育和情感教育。认知教育强调理论知识及专业技能的教育内容；情感教育则侧重于学生学习过程中的态度、价值、感觉、动机等与心理学相关的内容。认知教育旨在解决学生“能力”的问题，而情感教育才能解决学生“愿不愿意”的主观问题〔1〕。现有的双创教育体系更多侧重于对“能力”的教育而忽略了大学生心理素质的教育。

第三，在教学方法上，大多数高校仍采用单一的授课模式，相关教材与案例未及时更新，缺乏创业讲座、创业交流以及企业参观的多元化形式，导致教学缺乏时效性，使学生更多停留在理论知识层面，缺乏对创业实践过程的了解〔2〕。

第四，双创实践平台不完善。高校双创实践平台需要导师、资金、场地等相关资源的共同搭建。然而，由于高校双创实践教育发展不均衡、教

〔1〕 卢家楣：《情感教学心理学研究》，载《心理科学》2012 年第 3 期，第 522~529 页。

〔2〕 张翔、杨川：《高校创新创业教师的素质要求及培育路径》，载《教育研究》2018 年第 5 期，第 66~69 页。

师创业实践经验缺乏、政府资金支持具有区域性等原因导致我国高校自由的孵化器平台数量相对较少，且运营水平相差较大，存在项目筛选标准参差不齐、项目质量不达标、平台缺乏成熟管理团队、项目孵化成功率低等问题。不仅如此，高校双创教育大多仅停留在理论教学的层面，缺乏实践平台的支持，致使学生在创业过程中面临现实商业环境的巨大挑战和自身心理素质能力的限制，缺乏创业实战经验，对创业的结果没有把握，创业成功率没有保障。

三、提升创业法治意识的双创教育改革路径

双创教育体系融入法学知识是一个系统性的建设工程，其课程体系涉及课程内容的设计、授课方式的选择、师资力量的融合、实践平台的搭建等[1]。为提升大学生创新创业法律风险防范能力，双创教育教学可以有如下探索。

（一）构建创新创业法律意识教学知识体系

法律风险是指企业在经营的过程中，因企业外部的法律环境发生变化，或因企业有意或无意违反法律义务以及约定义务，或因未按照法律规定行使权利，而对企业造成的负面后果以及承担的责任和损失[2]。依据企业的成长周期理论，新创企业会经历准备期—初创期—成长期—成熟期—衰退期，不同发展阶段的企业面临着不同的法律风险[3]（图 1）。

---

〔1〕 张英：《高校法学专业创新创业教育的现实意义及教学组织模式探究——以广东技术师范学院法学专业〈创新创业实践〉课程开设经验为参考》，载《高教探索》2018 年第 8 期，第 61~66 页。

〔2〕 蔡晓卫：《大学生创业法律制度：立法理念、模式和体系》，载《中国高教研究》2019 年第 1 期，第 104~108 页。

〔3〕 杨波：《科技型企业投融资体系建设研究——基于企业成长周期视角》，载《宏观经济研究》2011 年第 5 期，第 64~69 页。

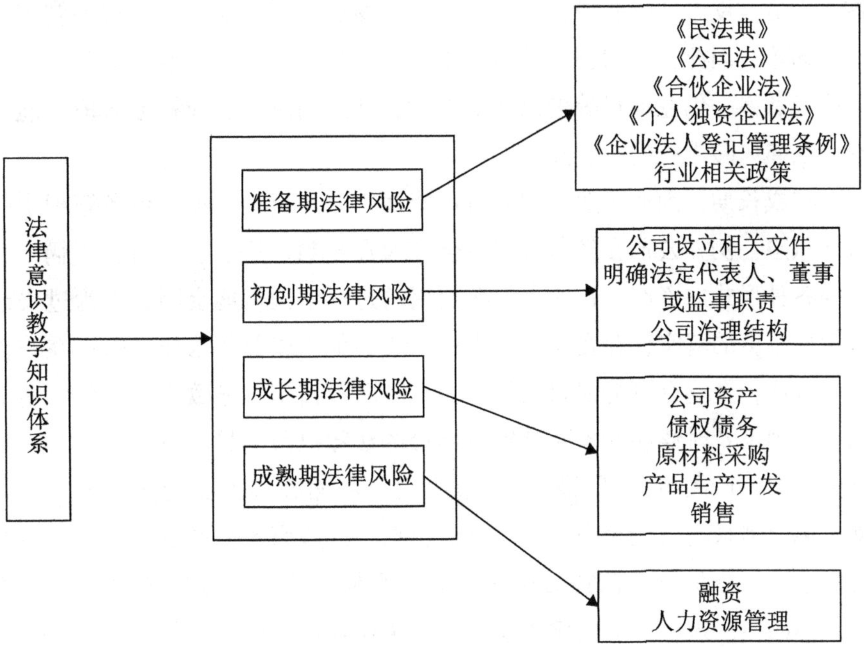

图1　创业各阶段涉及的法律风险

在创立准备期，创始人应针对所成立的企业情况，全面了解《中华人民共和国民法典》总则编、合同编，《中华人民共和国合伙企业法》以及《中华人民共和国个人独资企业法》等法律规定。此外，创立企业前还需了解《中华人民共和国企业法人登记管理条例》等工商管理法律法规以及所选行业的相关政策，例如：行业开发区、高科技园区等法规，有助于创业者在选择创业地点时享受相关的税收等优惠政策。

在初创期，企业有可能面临的法律风险即由于公司设立时的各种文件或创始人不当行为引起的法律问题，首先，这些风险包括：虚假出资、出资不足、虚报注册资本、提交不实材料以及注册文件瑕疵等。作为首次创业的大学生群体，还可能面临随意安排法定代表人或董事、监事职责不明确、公司注册地址选择不当等问题。其次，在公司治理结构方面，新创企业有可能面临的法律风险包括：企业未明确设立股东会、董事会、监事，或上述职务职能及分工模糊等；企业重要参与者无有效的议事规则；企业核心人员违反忠诚义务或保密义务；企业核心人员无法有效掌握经营管理的活动等。因此，在双创教学体系中，企业创立初期的课程内容除了关注创业者意愿、创业动机等理论知识教学，还应当融入企业初创阶段可能面临的法律风险进行配合讲授。

在成长期，创业企业一方面有可能面临公司资产、债权债务管理中的法律风险，例如公司在经营过程中会涉及原材料、厂房、设备、车辆、存货等各种形式的资产，这些资产在使用的过程中又可能会因为人为过失或者管理制度的落实，存在损坏、报废、侵害他人权益等法律风险；在债权债务方面，企业有可能因缺乏足够的风险防范措施，导致无法主张到期债权或者因不及时偿还债务而导致被诉讼的法律风险。另一方面，企业在原材料采购、产品生产开发和销售过程也可能面临多方面的法律风险。例如，原材料采购的过程中的法律风险包括：供应商的生产资质；采购合同的有效性；原材料无法按时交付；运输仓储过程中出现的不可抗力风险等。产品生产过程中的法律风险包括：企业知识产权未进行合法、有效的注册申请以及侵犯他人知识产权；未按照法律法规生产；缺乏产品检验检测流程，导致质量不达标等。销售过程中的法律风险包括：销售合同未经过评审；无法按时交付；产品质量存在瑕疵；客户违约；参与不正当竞争；发布违法或不实广告等。综上所述，在双创教育课程体系中，将相关法律法规及企业可能面临的法律风险融入企业商业模式构建的理论知识中，可以使新创企业在成长的重要阶段有效规避因法律问题引起的风险，保障企业顺利发展。

在企业发展的成熟期，创业者通常会考虑扩大经营规模，这个阶段的企业将涉及各种融资活动，例如风险投资、外商投资、资产重组、股票发行和上市等法律问题。此外，人是各种生产要素中最活跃最具有创造力的要素，随着规模的扩大，企业对人力资源管理将更加重视。人力资源管理中涉及的法律风险包括：在劳动合同、支付薪酬、工作时间、社会保险等管理上偏离法律法规的规定；辞退员工缺乏相应的流程或违规；员工处于危险的作业环境中，缺乏相应的保障措施，等等。

因此，在双创教育知识体系的改革中，针对初创企业的发展周期的课程内容：准备期—初创期—成长期—成熟期—衰退期，教师应在每个阶段合理融入相关的法律知识讲解，帮助学生理清创业课程逻辑体系以及掌握相关核心法律知识。

（二）丰富创新创业法律知识课堂教学模式

传统的大学教育偏向于高校教师的理论知识传授。然而，在创新驱动国家战略下，传统教育模式需要做出改变。双创教育的目的是指导学生走向社会后运用所学知识更好地支持创业行为，因此，现有的创新创业教学方法、教育师资力量以及遴选机制都需要做出改进。

第一，案例教学。双创教育改革可以通过理论与案例教学相结合的方式培养具有法治意识和创业能力的复合型人才。其中，掌握理论知识是教学的初级目标，双创教学的高级目标是学以致用。理论教学的方式可以提高学生运用法律知识去预防和解决创业过程中遇到的法律风险的能力，并从中获得启发，而高级目标只有通过案例教学才能得以实现。所以，教师可以对国内外初创企业在创立和发展实践过程遇到法律问题及法律风险控制的案例进行研究和编制，将法律知识恰当地融入案例中，进一步完善现有的双创案例，通过情景式的设计帮助学生们提高商业法律意识，在创业的道路上将法律风险最小化，并将其作为传统教学方法的补充。另外，在案例教学的过程中，学生通过对事实案例中创业者面对法律风险的解决方法进行学习，不仅提高了提出、分析、解决问题的能力，同时也掌握了群体协调、人际沟通以及综合决策的能力，在未来创业实践和工作中能够应对风险和环境的变化，提升综合能力，成为兼具商业能力及法律知识的复合型人才。在双创教学中融入法律知识的案例教学方法无论从提高学生的理论水平、实践能力等综合素质，还是满足社会需求中都发挥着巨大的作用，是双创教学中不可缺少的环节。

第二，“双导师”机制。以高校为平台，结合业界力量建立学术教师资源以及实践导师资源的“双导师”机制，让学术教师带着学生们学习，实践导师带着学生们在实践中“玩”。在“双导师”机制的运行下，不仅学生受益，高校教师也可以在与专业法律人士、外界资本、创业资源对接互动的过程中，大幅提高与创业法律相关的知识储备以及创新创业教育能力。另外，学校可以尝试聘请律师以及公检法司等国家机关的工作人员作为任课教师或实践导师。除此以外，高校教师可以采用灵活的授课方式，由院校和双创教师主导和组织，邀请企业界、司法部门、律师界等相关人士参与到课堂或者讲座中，采取“辩论”“头脑风暴”“模拟实践”等授课方式，帮助学生们全面了解创新创业中可能面临的法律风险，并通过多样化的课堂讲授，探索最佳解决方案。

（三）深入企业，学习双创实践中的法律知识运用

参与创新创业实践可以帮助大学生在步入社会前进行一次模拟训练。通过实践，大学生对创新创业的认识及可能面临的法律风险更加清晰，对自身具有重要意义。然而，实践教育的匮乏，是高校双创教育体系中普遍存在的现象。在教师层面，因为自身没有相关创新创业的实践经历，大部分教师对实践教育并不擅长，出现“只上得了课程讲台，却上不了创新创业教育平台”的现象。特别是创新创业法律教育的方式方法，更要重视实践教学的部分，实践教学不再以课堂教学和传授法律理论知识为主，而是采取问题教学、模拟教学、深入企业等方法将创业过程中可能遇到的问题、如何分析问题、如何解决问题的讲授逻辑运用到可能出现的法律风险上，主张在创业实践过程中，了解法律知识、降低法律风险以及提升法律技能。

除教师的言传身教之外，高校对双创教育的支持必不可少。高校可以通过聚拢丰厚的创业资源，从软、硬件方面对学生进行训练；从学院实验室到法律人才的引进，再到创建创新创业平台，从多方面让学生获得相关实践经验，达到理论到实践的可持续循环。

首先，在学生层面，双创实践是课堂理论教育的延续，通过参与创新创业企业的实践活动，大学生能够进一步认识双创，在实践过程中提升对法律理论知识的理解和运用，实现知识和实践的有机统一。其次，随着我国高校扩招规模越来越大，大学生整体素质不容乐观。长期以来，部分大学生养成了眼高手低的思维定式，对外界事物认识不到位，思维与实际工作能力存在较大差距。通过双创实践教育，大学生能够充分认识到自身不足，从而增强了大学生对法律知识的学习动力，在实践中学习，实现了理

论与实践衔接。无论是高校还是大学生，将双创实践活动同教学紧密联系在一起，有助于大学生的成长，并提高未来的就业率及创业成功率。

四、提升创业者心理素质的双创教育改革路径

创业是受创业者个体心理支配，并通过自身活动表现出来的个体行为。这些心理支配因素包括兴趣、需求以及动机。创业动机是创业行为背后的驱动力，是激励创业者去寻找、把握机会并努力实现创业成功的动机因素，是创业行为能否发生的重要前提。除动机之外，情绪、智力、意志和人格等心理因素同样在创业者创业过程中起到非常重要的作用。创业是一个艰难的过程，特别是对大学生创业者而言，整个过程都是对其整体素质的检验，尤其是对个人的心理素质〔1〕。近年来，各高校重视双创教育，大学生创业者通过对创业课程的学习，对复杂创业行为有了一定的认识，但根据国家统计局数据显示，当前我国大学生创业失败率仍高达90%以上，创业主体缺乏良好的心理素质、对与创业相关心理学知识的匮乏成为创业失败的重要原因之一〔2〕。作为创业活动的发起人和领导者，创业者的心理素质直接影响了创业活动的成功与否，大学生在创业的过程中会遇到诸多的心理问题，因此，高校的双创教育应针对创业者在创业的不同阶段可能产生的心理问题开设心理训练、培养心理素质、解决心理问题的相关课程，讲授创业心理知识，为大学生创业实践活动打下基础。

（一）构建创新创业心理素质教育知识体系

构建有效的心理素质教育体系是平衡大学生创业心理与创业行为活动关系的有效方式，既能帮助大学生维持健康的心理状态，又能提高创业成功率。大学生创业者的心理素质决定着创业实践活动的成败，创业心理素质是在心理素质概念上衍生出的与创业行为相关的概念。谢晓娜，李晓鹏，何芙蓉（2017年）等学者指出，创业心理素质包括：成功的欲望、冒

〔1〕 谢晓娜、李晓鹏、何芙蓉：《大学生创业心理素质培养探析》，载《人才资源开发》2017年第4期，第221~222页。

〔2〕 靳卫东、刘敬富、何丽：《创新创业的心理动因：理论机制与经验证据》，载《上海财经大学学报》2018年第6期，第44~62页。

险精神、意志坚韧性、强大社会支持系统、创新能力五个维度。综合前人的研究成果，肖芳和孙中宁（2020 年）将创业心理素定义为“个体在创业实践中在内外环境作用下形成的，对创业活动起积极调节和需求满足作用的心理素质”，并且划分为五个维度，分别为：创业意识、创业能力、创业情感、创业韧性和创业支持〔1〕。将创业心理素质的研究延伸到大学生创业教育中，形成融合的双创教育体系，对大学生创业起着重要的作用（见图 2）。

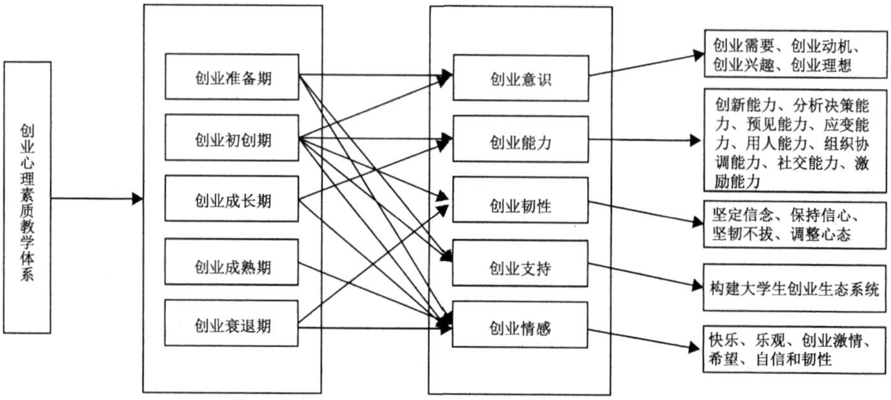

图 2 创业各阶段涉及的心理素质

创业意识是创业活动的强大内驱动力，影响着创业者的创业态度，包括创业前期准备是否充分、主要参与者是否投入等。成熟积极的创业意识可以激发出创业者创业潜能，促使创业实践活动持续开展。在创业准备期和初创期，大学生创业者对创业活动没有理性的认识，选择创业往往仅局限于兴趣或感性的内心需求，在创业意识上缺乏合理成熟的创业动机。全球创业观察（Global Entrepreneurship Monitor，GEM）的数据显示，多数大学生在创业前未做好充分的准备，并且对创业成功的渴望及战胜困难的决心难以长时间维持，难以形成成熟的创业意识，导致创业活动以失败结束。在此阶段，双创教育的课程体系中应融入对创业者意识的综合培养，

〔1〕 肖芳、孙中宁：《积极心理学视角下大学生创业心理扶持体系探析》，载《教育与职业》2020 年第 20 期，第 85~89 页。

包含：创业需要、创业动机（期望理论、自我决定理论）、创业兴趣、创业理想等[1]。

在初创期和成长期，创业能力的缺乏会对创业活动产生较大的负面影响。在双创教育体系中，培养大学生的创业知识能力和创业应对能力应作为创业心理素质课程的核心部分，包括：创新能力、分析决策能力、预见能力、应变能力、用人能力、组织协调能力、社交能力、激励能力等。

创业韧性是创业者在创业过程中面对未知的变化、内外界干扰以及挫折困难时能否有效应对和积极调适的能力，它具体表现为创业者能否坚定信念，保持信心。坚韧不拔直至达成或合理化创业目标。特别是处在初创期和衰退期的企业，更加要求创业者具有超强的创业韧性，在面对逆境时能积极调整心态，吸收创业逆境中的经验，帮助企业良性发展；相反则有可能严重影响创业者心理健康、人格发展，并最终导致创业失败。在高校提升创业者心理素质的教育体系中应强调创业者韧性的提升，当学生在创业遭遇挫折时，能很好地平衡创业现实与创业预期的落差，积极接受现实中的机会和挑战。

大学生创业者在准备期和初创期需解决的重要问题之一就是资源的缺乏。创业资源对大学生的创业支持主要表现在心理支持、人际支持和资金支持。高校现有的双创教育体系更多侧重于人际支持和资金支持的内容讲授，然而，在创业过程中，充分的心理支持资源对大学生创业者也非常重要，可以帮助大学生提升心理资本，在其面对创业过程中的茫然、犹豫、多疑和急躁的心理状况时及时改变认知模式，缓解心理紧张的状态，提高适应能力。因此，在教育改革的过程中应融入应对各种创业压力，寻找心理支持资源方法的相关内容，例如：教师可以从创业经验、创业环境、创业者人格塑造等角度入手，引导学生积极构建创业支持生态系统，帮助大学生利用现有的资源扩展交际圈；丰富给予支持和接受支持的方式，积极推动创业活动在生态圈的活跃度，提升企业竞争力和创业心理素质。

---

[1] 王慧玲：《意向创业大学生的心理困境及教育对策》，载《创新与创业教育》2018 年第 1 期，第 107~110 页。

创业情感贯穿着整个创业活动，影响创业的各个环节。研究表明，在创业的过程中，积极的创业情感包括快乐、乐观、创业激情、希望、自信和韧性。具有积极创业情感的创业者在机会评估、机会开发、团队决策、资本筹集、技术开发等各方面的表现显著超过创业情感不积极的创业者。此外，积极的创业者有清晰明确的创业意识、善于抓住创业机会、有效地组建创业团队、及时整合创业资源。GEM 报告的数据显示，具有积极创业情感的大学生创业者在面临艰难的创业环境时，能够更加快速准确地做出决策以应对各种风险和压力，积极调整情绪和心态，从困境中寻找解决问题的方法。因此，在双创的教育改革中，应将积极的创业情感教育融入创业过程的每个阶段，引导大学生创业者认识到创业情感的重要性，塑造大学生养成积极的创业情感，提高创业的成功率。

（二）构建大学生双创心理咨询实验室

建设文科实验室成为促进科学与文科交叉融合的重要途径，构建大学生创业心理咨询实验室是在传统的课堂教育与实践教学模式上的进一步结合与创新〔1〕。创业心理咨询实验室可以更加详细了解大学生创业者的心理状态和心理障碍的成因，在创业的各个阶段为大学生创业者提供更有针对性、更专业的辅导和帮助。在构建心理咨询实验室的过程中，高校可通过课堂教育准确了解大学生创业者的创业信息及心理状态，搭建创业心理咨询平台，聘请心理专业的教师为其提供高效、及时、专业的心理咨询服务。创业心理咨询实验室可以通过一对一心理咨询服务、团队心理辅导、心理素质拓展等多元化形式对学生展开具有针对性的课程辅导，课程内容可包括创业心理素质评测、创业心理状态追踪与调试、如何缓解创业压力、提升创业感性积极性及创业信心等。高校通过构建实验室将心理咨询服务与理论知识相结合，将课堂讲授、实践活动、心理咨询有效融合，从而促进大学生创业的心理素质的培养。

然而，双创心理咨询实验室的构建及顺利使用需要学生、社会、家庭

---

〔1〕 王震宇、薛妍燕、邓理：《跨越边界的思考：新文科视角下的社会科学实验室探索》，载《中国高教研究》2020 年第 12 期，第 61～68 页。

和高校四方面的通力合作。首先，作为大学生创业者，应努力提升自身心理韧性，心理调节能力以及抗挫折能力，并积极正面的接受大学为其提供的心理咨询及相关服务；其次，提高社会对高校大学生心理问题的关注度、家庭的支持和关怀以及创业团队成员之间的信任和理解也有利于大学创业者得到心理和物质资源的支持，形成积极乐观的心理素质，进而抵抗创业带来的压力和挫折；最后，高校应积极整合相关资源，充分调动社会、高校、家庭等各方力量，参与到双创心理咨询实验室的构建中，从不同角度提出建设性意见，不断创新和改善实验室的功能和服务，将创新创业心理咨询服务工作落到实处，帮助大学生解决创业过程中可能遇到的心理问题，从而提高创业成功率。

五、构建大学生创业法律意识与心理素质教育的意义和建议

在我国创新创业教育飞速发展的进程中，高校大学生已成为创新创业的主力军，这对国家的新文科建设及大学生创新创业教育课程体系的设置与改革提出了新要求。在现有传统课堂教育及实践教学相配合的教学体系中，如何将与法学、心理学相关的理论及知识进行恰当的跨学科融合，提高当前创新创业教育体系的质量，成为双创时代背景下一项重要的研究课题，需要创新创业教育改革中改善课程体系建设、推进实践活动以及构建资源平台。

首先，大部分高校大学生尚未具备完善的法律风险防范能力，为帮助大学生创业者了解创业可能面临的法律风险，应有针对性地将相关法律知识融入每个创业阶段课程体系的讲解中，提高其对法律风险的防范意识，培养其对法律的敬畏感与遵纪守法的自觉性；并通过丰富创新创业法律知识课堂教学模式，如案例教学和情景模拟的方法，来提高学生的法律意识以及解决问题的能力；通过实践教学的方法让学生们深入企业中，了解创业实践过程中会遇到的法律问题、降低法律风险，提升法律技能。

其次，大学生在创业过程中会面临诸多心理问题，为了帮助他们正视和摆脱心理困境，拥有良好的心理素质，提高创业成功率，高校应积极开展双创教育课程教学改革，将心理学相关知识融入教学体系中，提升和完

善现有的课程内容及设置；并积极整合资源，构建双创心理咨询实验室，切实地帮助大学生解决创业过程中可能遇到的心理问题。

最后，高校应积极引进和聘请高层次人才及创业经验丰富的创业者，提升现有师资水平，建设既有理论知识又有实践经验的教师队伍。同时，通过对业界相关资源的对接，为大学生提供更多的实习实践机会，提高大学生创业者的创业能力，营造“软”“硬”相结合的高校创新创业氛围。

创新创业教育项目在贫困地区落地实例研究

——以甘肃省舟曲县、甘肃省东乡族自治县为例

贾娜琳捷*

一、创新创业教育背景

（一）起源和发展

对于中国创新创业教育的起始点，学界有诸多观点。有学者认为中国创新创业教育开始于1989年联合国教科文组织在“面向21世纪教育国际研讨会”上提出了“创业教育”这一概念之后；[1]有学者认为中国创新创业教育发端于1990年中国作为成员国加入联合国教科文组织创业教育课题；还有学者认为1988年胡晓风提出的创业教育思想拉开了我国创业教育的帷幕。[2]我国创业教育的发展历程为：首先，教育部于1998年制定了《面向21世纪教育振兴行动计划》，此后又于2002年以试点方式推行创业教育，共选择了9所高校。教育部虽然一直在推行创业教育，但实际上，一直到2010年才正式提出创业教育的概念。而到了2012年，党中央在十八大提出了创新驱动发展战略，接着到2014

---

* 贾娜琳捷，中国政法大学商学院讲师。

〔1〕 林湘羽：《广西大学生创新创业价值观现状调查及培养对策研究》，广西师范学院马克思主义学院2016年硕士学位论文，第4页。

〔2〕 林湘羽：《广西大学生创新创业价值观现状调查及培养对策研究》，广西师范学院马克思主义学院2016年硕士学位论文，第4页。

年夏季，国务院总理李克强在达沃斯论坛上提出了“大众创业、万众创新”的口号，号召全国投入创新创业的事业。2015 年至今，我国创新创业教育仍在如火如荼地进行着。

（二）概念和性质

创业教育是指立足于社会主义初级阶段的实际情况，致力于培养具备创新创造能力的人才并且引导他们将创造与职业相结合，将创新成果服务于经济建设的新的教育模式。[1]

（1）创业教育是民主教育。应实现教育者和受教育者各尽所能、各学所需、各教所知、各得其所，实现每个人既是教育者，同时又是被教育者的目标。“只有民主教育才能解放最大多数人的创造力。”[2]同样的，也只有在创业教育行业推行民主，才能最大程度上激发每个人的创新活力。而又因为创造力的基本构成要素包括知识积累、个人能力，个性品格等。故而创新创业教育必须从全方位出发，既要宣传创新观念，也要提高受教育者的知识与能力。

（2）创业教育是全民教育。虽然创业教育最早在高校里进行试点推行，大学生也一直是创业教育的重点群体，但是绝不是唯一群体。创业教育对于高校毕业生以外的人，包括农民、工人、商人等工作人群来说同样重要。因为这些群体同样是建设社会主义现代化强国的中坚力量。只有提高全民族文化素养并且将解决学有所用问题放在首位，创业教育才能有助于振兴经济、促进社会进步。[3]

（三）与科技、教育、经济的关系

创业教育与经济、科技的关系处理也非常重要。我们应该以经济建设为中心，以科技为助力，以教育尤其是创业教育为立足点。而对于目前我

---

〔1〕 李静、王月金、檀学文：《习总书记扶贫论述铸就当代中国脱贫攻坚的伟大实践》，载《中国农村观察》2020 年第 6 期，第 2~17 页。

〔2〕 邸慧、寇斌：《积极开展创业教育 大力扶持大学生创业——辽宁高校毕业生就业指导中心主任刘铸访谈录》，载《人力资源》2009 年第 3 期，第 12~15 页。

〔3〕 李瑞云：《浅谈创业培训及创业服务工作中存在的问题及对策》，载《品牌（下半月）》2015 年第 10 期，第 279 页。张朝晶、杜旭阳、王辉：《大学生创新创业与精准扶贫结合路径探讨》，载《数码世界》2020 年第 3 期，第 213 页。

国经济发展的重点目标来说，创业教育是实现乡村振兴、打赢脱贫攻坚战、实现经济高质量发展的最重要的手段和路径之一。尤其对于贫困地区来说，创新创业教育项目更是可能成为当地经济发展的重要支柱。

二、创新创业教育项目在甘肃省舟曲县、甘肃省东乡族自治县落地情况

“三区三州”是国家层面的深度贫困地区，而甘肃省舟曲县就在“三区”之一的甘肃省藏区，甘肃省东乡族自治县位于“三州”之一的甘肃省临夏州。这两县属于我国最贫困的地区。为了全面打赢脱贫攻坚战，创新创业教育项目也在这两地落地生花。而针对各地不同的民风民俗，也需要有不同的减贫方式。

（一）甘肃省舟曲县

白玛次仁是舟曲县当地脱贫致富创新创业的领头人之一。他是甘肃民族师范学院2012级的毕业生，2017年成功当选告纳镇岔希村党支部书记。白玛次仁很早就将通过创业带动村民们脱贫致富作为自己的志向。他在着手创业之前，已经有意识地不断进行自我提升，接受创业培训，逐步培养出了创业者所必备的基本素质。回到家乡创业后，他创办了种植农民专业合作社并将其命名为“尼格尔”。通过种植、养殖美人椒、养殖丛岭藏鸡和其他蔬菜，打造了一个种植养殖优势互补的种植模式。通过提前设置底价，统一收购加销售的方式，给农民提供了跟随他的勇气和动力。后来他继续扩大种植养殖规模，开始发展羊肚菌种植产业，最后大获成功。即使疫情防控期间有诸多不稳定因素，但在2020年仍然取得了高达21万元的净收入。同时，他积极与农业科研部门合作。邀请相关专家对村民进行专业培训，让农民系统掌握和提高相关技术，[1]挖掘农民增收潜力。除此之外，为了让土地利用率在合理使用的前提下达到最大，他还引导村民在较高海拔处种植汉藏药材，在较低海拔处发展设施农业。汉藏药材使得每户

〔1〕 张朝晶、杜旭阳、王辉：《大学生创新创业与精准扶贫结合路径探讨》，载《数码世界》2020年第3期，第213页。

均增收 2600 元左右，同样的设施农业使得 57 户参与者户均增收 7500 元。[1]

王磊是建设舟曲县的骨干之一，是曲瓦乡城马村人。他于 2017 年从武汉传媒学院毕业之后便返乡创业，2018 年成功注册产品品牌，带动 37 户贫困户种植羊肚菌，养殖中华蜂，确保年产量 2000 余斤，并于 2019 年成立了曲瓦乡城马村电子商务公司。在信息时代，他利用互联网打开销路，完善产业链。他的创业项目得到了政府的大力支持。在 2020 年，舟曲县就投入了奖补资金 565.827 万元。[2]王磊的产业规模越做越大。

薛代花是舟曲县博峪镇卧欧诺村人，于 2013 年当上了村支书，决心要带领全村村民通过蜂蜜产业脱贫致富。为了产业升级，她带领村民前往中华蜜蜂养殖基地学习新法养蜂技术，实现了蜂蜜产量增加、养殖周期缩短这一目的。[3]2017 年，薛代花成立了舟曲县博峪纹党花蜂业有限责任公司。大力推行"党支部+合作社+农户（贫困户）"的发展模式。并且通过接轨电商平台打开网上销路。每年带动 171 户贫困户保底分红 33.4 万元。2019 年，薛代花联合 13 个农民养殖专业合作社成立了联合社。她带动的农户越来越多，经济收入也更加可观，累计分红达 520 多万元。[4]舟曲县实现了绿色产业化，为了保护生态，舍弃山羊养殖，并且大力植树、植花草，发展蜂蜜产业。绿色减贫包括产业扶贫绿色化和绿色产业化扶贫。产业扶贫绿色化是指传统产业降能耗和资源可持续利用。绿色产业化扶贫是指推动绿色资源到绿色资产，再到绿色产业的转化，实现生态和经济的共同发展。大规模的生态保护不仅仅支撑了蜂蜜等产业，而且还创造出了美丽的生态旅游胜地。"乡村旅游方兴未艾，2019 年全县接待游客

---

〔1〕 张朝晶、杜旭阳、王辉：《大学生创新创业与精准扶贫结合路径探讨》，载《数码世界》2020 年第 3 期，第 213 页。

〔2〕 郑忠良、米建华：《创业文化的经济功能》，载覃正、韩景倜编：《2008 中国发展进程中的管理科学与工程》，第 1033~1035 页。

〔3〕 李静、王月金、檀学文：《习总书记扶贫论述铸就当代中国脱贫攻坚的伟大实践》，载《中国农村观察》2020 年第 6 期，第 2~17 页。

〔4〕 郑忠良、米建华：《创业文化的经济功能》，载覃正、韩景倜编：《2008 中国发展进程中的管理科学与工程》，第 1033~1035 页 。

145 万余人次。”这样既提高了经济效益，还创造出更多的就业岗位，让更多的人有活干，生态环境也得到了有力保护，形成了良性循环。

曾经的舟曲县，“八山一水一分田”，贫困人口多、贫困程度深、产业发展后劲不足。但是经过了无数创业者的艰苦奋斗，脱贫致富效果非常显著。全县贫困人口由 2013 年的 9155 户 35 480 人减少到 2019 年底的 299 户 983 人，贫困发生率由 29%下降到 0.83%。2020 年 2 月 28 日，经甘肃省政府批准，舟曲县退出了贫困县序列，提前一年实现了高质量脱贫。

（二）甘肃省东乡族自治县

马占强是东乡族自治县汪集乡瓦子岭村人，1996 年就开始贩卖马铃薯，2010 年创办了东乡县顺发马铃薯购销农民专业合作社，开始了创业路。“合作社以每公斤高出市场 0.2 元的价格进行订单收购”，激发群众参与交售的积极性。马占强还利用县农牧局提供的项目补助资金，建设了马铃薯贮藏窖，增强了市场流通调剂能力。2014 年马占强收购优质马铃薯 3200 吨和淀粉生产用马铃薯 3500 多吨，销往兰州、长沙、成都等地，其中销往厦门的马铃薯达 36 吨。马铃薯产业吸纳了汪集、高山、车家湾等乡村村民，2014 年创收 580 万元，人均分红 1.4 万元。[1]

马萧萧是东乡族自治县达板镇舀水村人，2015 年大学毕业后成为一名返乡创业者。东乡刺绣是“东乡三宝”之一，但是还没有实现市场化。马萧萧看中了东乡刺绣的发展潜力。2018 年她成立了土本土商贸有限公司，实行手工刺绣生产、加工、销售一体化经营。经过企业帮扶，东乡刺绣销路不断扩大。马萧萧不论是对刺绣的前期设计、包装、宣传，还是后期的订单销售，都进行了详细策划。除此之外，还对绣娘统一培训。[2]帮扶企业发挥所长，让马萧萧的公司逐渐步入了正轨。除此之外，当地党支部也大力支持刺绣产业的发展，在注册商标、电商销售等方面给予帮扶。目前马萧萧已经带动了 200 多名绣娘，每位绣娘每月可拿到 600 元到 2600 元不

---

〔1〕 单从凯：《市场经济与电大教育的改革和发展》，载《中国电大教育》1994 年第 4 期，第 10~13 页。

〔2〕 沙占华：《新时代中国特色脱贫攻坚的巨大成就与基本经验》，载《创新》2020 年第 3 期，第 1~11 页。

等的工资。公司一年的销售额可达80万元。[1]

马娟是甘肃省临夏回族自治州东乡族自治县布楞沟村人。她在2017年硕士毕业之后，因具备产品设计等创业才能，故毅然选择回乡创业。她的理想就是带领家乡妇女脱贫致富。马娟看准了本地“花馃馃”蕴含的市场价值。在品质方面，她坚持生产所需原料都从当地贫困户家中购买，坚持延续“花馃馃”的制作工艺，坚持纯手工生产，保证原汁原味。[2]在生产和销售方面，她主动到浙江义乌学习产品包装，并且注册了产品商标。经过政府的支持，马娟通过成立布楞沟村巾帼扶贫车间带动160多名建档立卡户妇女就业，使每人每月可增加2000元左右的收入。“花馃馃”产业也带动了农副产品业、粮油产业等的发展。2017年底，马娟成立了甘肃伊禾城商贸有限公司。这一创业项目不仅能通过电商平台打开更多销路，而且还解决了更多贫困户的就业问题。到2018年底，公司订单销售额达到700多万元。[3]

甘肃省东乡族自治县地理位置十分不利于经济发展。当地人形容它“山高没顶子，沟深没底子”。该县不仅有数不清的山岭和山沟，还有“春无三滴雨”的恶劣气候，脱贫的难度非常大，“目前还是全国尚未脱贫摘帽的52个国家级贫困县之一”。[4]但是，要打赢脱贫攻坚战，应该越难越向前。通过大力开展产业扶贫，一大批创业者如雨后春笋般涌现，使东乡族自治县的经济水平有了很大的提升。“2020年，东乡族自治县贫困发生率从2013年的38.74%下降到4.25%。”[5]

---

〔1〕 沙占华：《新时代中国特色脱贫攻坚的巨大成就与基本经验》，载《创新》2020年第3期，第1~11页。

〔2〕 何世明：《创新科技咨询服务助推民族地区脱贫攻坚》，载《2016年中国科技咨询协会年会论文集》，第14~17页。

〔3〕 何世明：《创新科技咨询服务助推民族地区脱贫攻坚》，载《2016年中国科技咨询协会年会论文集》，第14~17页。

〔4〕 苏春海：《七项措施为全民创业培训保驾护航》，载《现代经济信息》2010年第17期，第189页。

〔5〕 苏春海：《七项措施为全民创业培训保驾护航》，载《现代经济信息》2010年第17期，第189页。

（三）存在的问题及其成因

（1）创新观念滞后。东乡族自治县的马萧萧提到为了说服原本居家带孩子的绣娘们做刺绣来赚钱。她开着车跑了5万多公里，通常要说服一家子人才能争取到一位绣娘。[1]可以看出缺乏创新观念成了阻碍地区发展的重要因素。创业教育应当面向全民而非仅限于一隅之地。但是我国各地区的教育水平并不均衡，尤其对于“三区三州”这样的贫困地区来说，由于信息闭塞，居民的观念都比较落后，跟不上时代发展的潮流。“创新是引领发展的第一动力。”没有创新观念和创新思想，就难以改变客观不利的生产生活条件来摆脱贫穷。

（2）产业规模有待扩大。比如在甘肃省东乡族自治县，在没有新的技术人才输入的情况之下，仅仅依靠少数带头人建立的工艺车间去拉动一个县的刺绣产业是非常困难的。同时刺绣人才也需要技术交流和创新创业教育来更新其设计理念和设计方向。除此之外，订单式经营模式虽然可以减少经营风险，但是对于一个需要扩大影响的品牌来说，被动地等待客户并不是长久之计，主动出击方为上策。东乡族自治县人民还没能进一步摆脱传统思想的束缚，养成地区之间、人才之间交流的意识。

（3）产品缺乏深度加工的程序，没有形成自己的特色。刺绣可以运用的地方其实很多，除了作为传统的绣品，它还可以作为重要的文化元素用在知名服装、家居用品或者其他工艺品的外观设计上。当地产业应多与相关企业合作并且结合市场实际需求创造出市场所需要的各式各样的产品。这一问题产生的原因可能是其订单式经营模式导致其没有主动去迎合市场。

（4）产品缺少品牌故事。虽然注册了商标，但是没有品牌故事的产品很难建立起一个品牌形象，形成品牌文化，也就不会给消费者留下深刻的品牌印象。出现这类问题的原因可能是商标注册者的品牌认识和品牌意识还不够。

（5）缺少科学技术的带动。无论是马铃薯产业、“花馃馃”产业，还

---

〔1〕 沙占华：《新时代中国特色脱贫攻坚的巨大成就与基本经验》，载《创新》2020年第3期，第1~11页。

是刺绣产业。要想继续扩大规模，做大做强，必须要积极引进先进的科学技术，与相关科研院校开展合作。不断进行产品的全方面升级改造、形成自己的产品风格和特色，这样才能打开市场，获得更多的消费者群体青睐。

三、政策建议和解决方案

根据创新创业教育项目在甘肃省舟曲县的具体实施情况，以及其他地区脱贫致富效果非常显著的创新创业项目，比如黑龙江省巴彦县发展的玉米产业、黑龙江省勃利县发展的草莓产业、宁夏回族自治区固原市发展的田园种植产业等，可以看出它们有着共同之处：一是在农业种植过程中大规模利用科学技术，用先进的科技让产品的产量、质量等都获得全方位的提高。二是对产品都进行了深度的加工，不再是基本的产品，而是结合社会需求，对农产品本身进行开发、改造，做出消费者需要的商品。比如从核桃果皮中提取色素做成染发剂、玉米做成大米糁粥、开发奶香草莓，等等。总之，深加工总能带来更多的利润。三是对知识产权保护的高度重视。把农科院、企业提供的优质、新型种子以及种植出来的农产品申请专利保护。同时结合当地特色文化传统，申请商标保护，树立品牌形象，提高影响力。四是延长产业链。农林业做大做强之后，生态环境也有了很大的改善。种出来的不仅是农产品，还有美丽的风景。于是全域旅游、森林康养、休闲农业应运而生，旅游业欣欣向荣，蓬勃发展。结合这些成功经验，对于某些创新创业项目还没有发挥显著效果的穷困地区，提出以下政策建议：

（一）加大创业教育的投入，同时加强创业理念的宣传

“扶贫先扶志，扶贫必扶智。”扶志是扶智的前提。让大家意识到必须创新创业，并下决心创新创业，创业教育才能有效顺利地开展。可以通过在国务院、教育部等官方媒体，各地政府官网，甚至可以在社区、乡村直接张贴政策文件进行宣传。鼓励社区成员或村民积极参与创业教育。并且由政府出资邀请各行各业的专家、学者到穷困地区开展创业教育课堂。政府还应该加大资金支持力度、积极承担创业风险以解决创业者的后顾之忧。争取在本地区掀起创业之风，形成创业文化。

（二）实现科研院校、政府、企业与贫困地区的精准对接，加强本地创业教育的实施

贫困地区即使有创业思想和可开发项目，但若是缺少坚强的领导力量，缺少科学技术、专业知识的输入，创业项目依然不能顺利地开展。创业项目要想顺利做好做大，势必要让产业实现现代化。因此应该加强创业教育的各方主体之间积极的互动与联系。政府可以作为联系贫困地区和科研院校、企业的中介。贫困地区有产业劣势，也有各自的产业优势。各地政府应当根据其优势引导当地企业去发展相应的优势产业。比如，如果优势是农林产业，地方政府应该主动联系农科院校和相关企业。如果准备发展旅游业，政府则帮忙提供专业设计团队。创业者的创业知识与能力对于创业项目的顺利开展有非常大的帮助作用。所以引进专业人才之后，当地政府还需要组织创业教育团队对本地居民进行全方位的创业教育。增强他们的创业素质，比如意志、经验、水平等。对于具有新才能的人才，政府应通过资金政策支持，提高其待遇，使其在产品深开发的过程当中多贡献创新思路。企业也可以让其作为其他创业者与企业之间的中介，起到示范作用，让更多人投身到通过创业脱贫致富的事业当中。对于才能特别突出的，可以让其担任创新创业的教育一方，让本地区其他的创业者也能获得对应的收益，从而使本地区的创业者不断增加，创业力量不断增强。

（三）鼓励产品进行深度加工，延长产业链条

我们可以借鉴和学习那些创业项目落地实施效果显著的地区的经验。引进先进的科学技术，结合社会需求来确定供给。开发出具备多个品种、多方用途的产品，或者与当地热销产品组合起来一同出售。尽可能地让产品的市场不断扩大。在一些地区，创业项目刚开了头就不得不宣告结束。这些项目不能坚持下来或许是因为没有深入发掘产品的真正价值。同时也应该意识到产品还能给当地带来更多的发展机遇。在农林业、畜牧业成一定规模之后，当地的生态环境便非常有助于旅游业的发展。比如增多利润点，大力拉动经济发展。还可以提供更多就业岗位，让更多的人有活干。总之应该用创新思维创造出比原来更加有特色、有实际需求的产品并且挖掘出更多的利润点，走出一条适合自己并根据自己的特色不断发展的全新

道路。

（四）鼓励打造特色产业品牌

各个地区的人文历史积累或民风民俗都具有不同的优势和特色，我们不能忽视这些特色，而是应该尽可能地加以利用和发展。比如，我们可以通过注册商标、讲述品牌故事、申请专利、在产品设计时融合地方特色元素等方式树立起产品的品牌形象。地方政府加大宣传力度，大力发展旅游业，扩大地区和品牌的影响力。产品还需要保证质量，建立良好的商誉。这样不仅能带动产品的销售，获得经济收益，还可以传承、延续珍贵的传统文化。

（五）鼓励发展绿色产业

2005年，时任浙江省委书记的习近平同志在浙江省湖州市考察时曾提出“绿水青山就是金山银山”的理念。无论是原本就具有优美生态环境或者特色地理地貌的地区，还是通过开发农林业从而延长产业链条的地区，发展旅游业都是能够让生态资源转化为实实在在经济效益的重要途径。而吸引游客、吸引投资的自然环境不仅仅需要植绿护绿，而且还必须从垃圾分类、垃圾革命做起。在浙江金华永康舟山镇的端岩村，经过“精细分类、资源回收，人均日产需要焚烧或填埋处理的垃圾仅38克——不足一个鸡蛋的重量。”该地借助其生态优势，发展精品民宿、文艺书店等。“2018年人均年收入已经达到12万。”[1]如果各地政府和居民都能具有这样的垃圾治理的决心和耐心，那么离绿色产业的发展就不会太遥远。目前许多地区将垃圾分类当作面子工程。不是把分类的垃圾桶当成摆设，就是将已经分好类的垃圾又全部装到一个垃圾车里。政府应该把分好类的垃圾如何回收再利用的情况定期向社会公布，这样不仅能督促政府自身落实垃圾分类政策，还可以帮助居民明白其重要性。垃圾分类最终应该变成居民的自发行为。

---

〔1〕 姜德安、梁军：《科技发明大赛后的启示——浅论社会主义市场经济下的研究生教育改革》，载《学位与研究生教育》1993年第4期，第44~45页。

课程与教学

Ke Cheng Yu Jiao Xue

法律硕士调研报告式学位论文写作规范化研究*

王　萍**

根据我校法律硕士专业培养目标的设定，法律硕士专业以培养应用型、复合型高层次法律实务人才为目的。法律硕士具有明确的法律职业指向性，针对国家及社会各行业对法律职业人才的需求，法律硕士研究生培养需要实现的目标，除掌握法学理论体系的结构和原理外，还需要具备对实践问题深入判断、分析、总结规律并提出解决方案的能力。因此，在评价法律硕士能否取得相应学位时，应当适用多元化的评价标准，既肯定理论功底扎实的学位论文作品，也要鼓励同学们尝试着眼实践、从实务问题出发撰写的案例研究式论文和调研报告式论文。特别是在全球经济一体化和可持续发展目标实现阶段，总结我们以往对域外法学习的经验，不难发现对他国制度理解的偏差往往是因调研不够而造成的。因此，基于对特定现象的观察，通过要素分析，实务调查的研究方法，理解法律背后的原因，才能真正理解文本的含义。本文拟针对目前法律硕士学生鲜少涉猎的调研报告式论文，提出写作要求与规范的建议，以期帮助更多同学通过学位论文撰写迅速形成立足调研、罗列事实、依靠数据的写作方法，通过精细化

* 本文为中国政法大学2021年研究生教学改革项目“新时代法治思想指引下商法学创新课程建设”的结项成果。

** 王萍，中国政法大学法律硕士学院教授，民商法学博士。

实证分析而为实践问题找到解决的方案。

一、调研报告写作的中心——问题的提出

调研报告式论文写作的起点是现实生活当中的“真问题”，是基于事实现象的观察而找出的问题。并不是说理论性论文所讨论的问题不“真”，而是因为一般理论论文的问题都已经经过了一定程度的抽象，集中到某个特定制度和理论上来了。所以从这个意义上说，提出问题且提出“真问题”在调研报告式论文的写作过程中尤为重要。“真问题”的筛选当然少不了时间、地点、主体、关系等坐标定位，而这些就是教师指导的要点所在。需要在指导过程中注意的细节有以下几点：

（一）引导学生运用批判性思维，截取与当下实事相关的法律问题

1. 预设问题导向

对社会现象进行研究的起点，往往是需要在复杂丰繁的现实情境当中抽出问题，如果不能有预先设定的问题导向，研究对象的类型化本身则很难完成。当我们引导学生进行实务调研的时候，发现他们对所观察到的现象，进行分类归纳的能力是相对较弱的，其根本原因在于批判性思维的缺乏。批判性思维不是普通理解上的否定和批评，而是基于观察的问题提出，需要具备细致观察和截取问题两个方面的能力。

2. 发掘法律意义

在法律实务调研中，问题的筛选不仅需要有观察研究取得的事实要素，而且该事实还需要有法律后果方面的意义，才有可能成为法律实务调研的研究对象。比如“彩礼”现象在我国是一个具有长期历史沿革的社会风俗，如果仅就彩礼给付研究，更多的还是不同地区、民族文化差异，甚至有些完全是家庭条件展示和协商谈判的博弈。仅从现象意义上和历史形成意义上来看，进行调查研究的价值是不大的。但是从彩礼约定的法律效力角度，讨论彩礼交付是否为可强制履行之义务则是当然的法律问题；从彩礼约定的基础分析，判断彩礼约定是否为附条件、是否为可撤销等，也是法律问题。很显然，《中华人民共和国民法典》（以下简称《民法典》）第 1042 条规定的“禁止借婚姻索取财物”并不能消除彩礼现象，也远不

足以解决民间生活当中基于公序良俗所形成的文化共识。当然，本文并非要在实体上讨论彩礼的法律规制问题，而是以此为例，说明法律实务调研的必要性和问题选取角度。

3. 发挥批判性思维先导作用

所有的实务调研选题，实际上要经过现象观察、事实类型化、问题提出、法律面向问题截取等一系列的步骤，才能最终确定。从这个意义上说，实务调研选题比理论制度选题要困难，相较案例分析选题也存在知识点定位的难度。如果没有批判性思维的先导作用，很难准确地抓住选题。因此有学者认为，恰当地运用理论在调研报告写作中是非常重要的一环。[1]

（二）引导学生认识事实、制度和社会整体系统的联系，形成网状思维

1. 树立问题核心意识突破学科壁垒

目前法科学生比较薄弱的方面是对相关学科知识的极度匮乏，大部分学生都没有任何与法学最接近的哲学、政治学和社会学的理论基础，很容易陷入仅以法学一种工具为解决方法并且迷信法学的误区。相对来说，法硕学生在这方面倒是有一定的优势，即他们已经取得了某个非法学专业的学位，对待现实问题有了一定多元化思考的可能。

2. 从利益平衡走向网状关系

2020年中国政法大学法律硕士毕业论文的常用词是利益平衡，这是法学的基本方法，但同时也暴露出法学研究方法仍更多限定在相对关系中的局限，法学研究尤其是实务探索需要更开阔的视野。实务调研研究的目的根本上是为了解决问题、弥补制度漏洞和完善规则，其中第一步也是第一位的是解决问题。法学从学科上来说，只是对批量化解决社会行为模式和利益冲突的普适规则的研究，是一种寻找方法的努力尝试。但是解决一个问题从来都是可以综合其他方法，或者用替代性方法来完成的，每个学科有其局限亦有其优势。正如经济学家可以用经济规律解释任何事件一样，

---

〔1〕 李燕：《独立学院英语专业翻译实践报告写作调研与反思》，载《吉林广播电视大学学报》2017年第2期，第123~124页。

法学家也可以用法学的方法阐释所有价值判断的根据，方法皆可用，但不能轻言优劣。

3. 练习用系统性、结构性思维解决问题

实务研究是寻找成本最低、利益最大的最优方案，它和理论制度研究最大的区别就是用更开阔的网状思维关系，把问题投放在整个社会系统的情境中去分析。当然，这也是实务研究报告结论往往不够具体的一个缺陷。因而，实务调研报告要努力实现在单个法律关系、制度公平和系统平衡三者之间均不脱节，并最终回归到法律制度建设上来，才能完成一个有效的研究循环。目前我们大量的创新项目研究成果和调研报告，普遍存在着在事实层面联系广泛，而在解决方案方面缺乏结构性思维的问题，也许是囿于学科壁垒之限，但更多还是因为思路没有真正打开，这部分是需要教师引导完成的。

（三）引导学生建立研究对象与法律的桥梁

1. 从事实中抽出法律问题

如果说批判性思维的运用是在事实和问题之间建立联系的话，专业性的调研报告，还需要把研究对象所关涉的法律问题抽离出来，并且进行有效的归纳，形成选题并始终围绕选题展开调研。教师在范畴把控方面应当尽可能提醒学生注意容易产生混淆的问题比如道德和法律的界限，是做法律实务调研中需要特别注意的。比如最近频发的“情侣分手索要赔偿而被定罪敲诈勒索罪”的事件，就是在道德与法律游移的界区，非常容易产生定性不准确的问题。情侣分手索赔属于道德范畴的问题，且该索赔因无法律支持而不具备强制执力，没必要通过法律来调整。纵使以公开情侣关系（可视为当事人隐私）为要挟，只要公布隐私的人是当事人一方，恐怕也不涉及侵犯他人隐私一说，何况对方还是公众人物，隐私权本身也受到一定限制。同样，本文不涉对个案的实体评价，只是介绍如何帮助学生厘清道德与法律问题的界限。

2. 找到现象背后的利益关系

我们对事实的观察，也从来不是简单地基于现象，而是要梳理出现象背后所涉及的各种利益冲突，寻找在当前社会生活条件下更有益于社会发展的利益平衡规则。如对公共利益和个人自由之间的界定，也是法律问题摘选时需要特别注意的。法律所保护的个人利益，往往具有群体效应，进而可能代表着一定的公共利益。因而，有些个体权利会被提升到公共利益的角度来保护，比如证券投资者保护、保险消费者保护等。从个案的角度，实际上还是个人利益保护，只是保护的依据会援引大多数人这个基础。相反，公共利益虽然具有更高的保护价值，但却鲜少通过私法的规则加以保护，利用司法程序来救济的也不是很多见。

3. 锁定确定的法律关系

如前所述，“真问题”往往涉及较多种关系，也往往不是运用一种方法能够直接解决的。我们在撰写研究报告的过程中，既要解决问题，又要考量学科的界限，还要对现有的理论体系和制度规范提供可资借鉴的建议，这就要求一篇专业的调研报告涉猎面还是要限定在本专业的语境当中。因此，在选择实务调研主题时，不需要将价值定位选择在太过抽象宏大的意义，还是尽量从单个法律关系的角度出发，不逾越法学研究的范畴，也尽量服务于一个价值判断。

二、调研报告和学术论文的区别

目前同学们在调研报告写作中显现出来的比较突出的问题，是往往把事实分析和理论推理割裂开来，整个报告看起来像是两个部分拼凑而成，前半部分是事实陈述和数据罗列，后半部分是理论分析，但与前半部分缺乏衔接，这一点在创新项目和产学研项目结项报告中表现得尤为明显。产生类似问题，主要原因还是在于大家对调研报告的写作目标缺乏了解，当然也有写作规范不熟悉的原因，会在后文详述。

（一）调研报告的写作目的是从现象到制度

1. 调研报告以解决问题为目标

调研报告始于具体的问题，也会以问题解决为其主要结论，但调研报告从来不是以某个具体目的的解决为终极目标的，根本上还是要提出制度完善或建立更具普适性规则的建议。正如我们知道现实不是为了适用规则而存在的，但法律却必须具有普适性，即对大多数事实都具有可行性。

2. 调研报告的推导基础是实证

调研报告是调研为主体，以调研结果推导论证为辅的，如果调研所采集的信息不够准确，则后续研究丧失其意义。调研所获取的材料真实可行，是开展调研活动最重要的基础，也是调研建议的坚实根据。[1]调研报告的写作目的和论文是不同的，它是在特定的实例的环境中抽出问题，用实证的方法，一步步导出称之为解决方案的目标规范。而论文则相对来说所涉语境比较单一，论证过程更多使用语言和逻辑工具，而不需要必须建立在实际调查的基础上。

3. 调研报告将解决方案凝练成制度结果

调研报告的撰写过程，就是为了把事实现象了解清楚，对实施措施整理归纳，对现有制度的效果集中评价，再提出可行性且更具适用性的解决方案。即把一个具体的现实问题引出的具体方案，经过更多数据的比对和分析，凝练成一种制度结果。在凝练的过程中，其实可能存在一个不断剔除非关键因素、非专业因素、极端个例因素等例外的方法，使从问题出发的研究，落角在规则上，这也是法律类实务调研报告应当具备的特点。

（二）调研报告的资料真实性和有限性

1. 资料的真实性

相对于论文，调研报告的资料取得往往须基于一手资料，对真实性和准确性要求较高，别人的研究成果往往是作为辅助工具而非研究支持，深入实务的调查研究至关重要。“田野调查”一词能更好地反应调研的实质，就是深入到生活中，跻身于第一线，甚至和调查对象生活在一起，培养出感情，才能真正把握最真实的信息。

2. 资料的有限性

对资料真实性的要求也决定了调研获取资料的有限性，一方面取决于实务工作流程的资料保存工作是否完善，另一方面也是因为客观上事务处理是不以任何预设的目的和过程完整性而存在的。虽然事后的事实要素摘

[1] 林忠伟：《如何写好高质量的调研报告》，载《广西教育学院学报》2018年第6期，第23~26页。

取似乎是准确的，但其中仍不乏为配合解决结果而作出的调整和修饰，这些都会使调研资料存在缺陷。比如以调查问卷统计为例，问卷题目的设计水平、填写者的认知能力、填写者的坦诚态度、和问卷回收率等诸多因素，都会对调研结果产生不同的影响，而分析者对获取数据的理论判断，又进一步使调研结果受到主观因素的制约。

3. 局限下的思考

在调研过程中，始终需要思考和调整的问题是：如何在有限的资源和参考资料条件下工作以获得更准确的结论？我们一直很难面对的是缺乏足够的数据来支持某一论点，我们甚至需要竭尽全力来访问真实信息。而即使如此，离准确结论的距离也只能做到最大限度的接近，完美方案的不可能，是必须承认的前提。

（三）分析方法

1. 调研报告方法的多元性

直接判定论文和调研报告适用方法的差异事实上是并不可行的，任何实务的研究都需要理论的储备和研究方法的综合运用，所有在论文写作中可能用到的研究方法，在调研报告中都是有可能适用的。但需要注意的是，调研报告在方法运用时的灵活性。如果说论文的写作可以某一种分析方法，如法经济法、法社会学、比较法学，调研报告则更可能是多种方法运用的集合产物，方法运用的目的不是服务于逻辑自洽，论证工具的使用更不是为了证明工具之先进和论证之精妙，而是为了解决问题的一部分。仅运用一个研究方法是无法解决一个具体的实践问题的，这恰是调研报告的特殊之处。

2. 问题在先方法在后

在调研过程中，教师的指导应当侧重于对研究方法导入的顺序，即以问题在先而方法在后，帮助学生首先认识所有已知事实与调研工作的内在矛盾，避免直接进入先入为主的观念。此外，问题和方法的节奏把握在调研报告写作中甚为重要，不仅导入过早会产生先入为主的现象，不导入或者导入过晚，也会影响调研进度，如在进行研究时，学生无意间跟随本能反应直奔结论，教师应该经常提醒他们避免这种情况。

(四) 抽象和具体的结构搭配

1. 调研报告以具体为框架，以抽象为脉络

抽象和具体是我们在学习和研究大多数法学问题时都会运用到的方法，但是两个方法究竟是单独使用、还是交替使用或顺序使用都会影响研究目标的实现。论文在方法运用方面，更偏向于以抽象为框架，以具体为细节的研究方式，除非特别偏重法哲学的成果，一般法学论文的写作尚不至于脱离具体的细节。当然，论文写作相对更复杂一些，不管从具体到抽象，还是从抽象到具体，都会有所体现，也会相得益彰。而调研报告同样也会用到抽象和具体的结构搭配，但相对来说整体结构基本上都是从具体到抽象，以具体为框架，以抽象为脉络或者方法，在表现形式上不可能像论文那么丰富。

2. 融入在具体中的创新设计能力培养

调研报告是从具体到具体，而中间掺杂着抽象方法和理论的作品。在后面有关写作内容的介绍中，也可以看到调研报告这种思维结构上的特点，从具体到抽象，还要回到具体，但又是另一个更具广泛性的层面的具体，可以套用案例教学的一句话来说，就是“从个案到类案”。因而调研报告的写作目标，不仅需要像论文一样，提高学生的批判性思维能力、现象分析水平、逻辑推理和独立判断的能力，最重要的是培养学生的创新设计技能。

三、从实践研究到学理结论的路径

以实践研究为切入点推进理论探索和制度规则的应用价值，是法学研究固有的、传统的研究方式，只是随着学科发展，实践研究的基础研究模型已发展出了多种形态，如案例研究、诊所研究和实务调查研究可以说是其中最典型的几类。作为从实践研究到学理结论的路径之一，调研报告有其特殊的意义和要求，应当注意与其他实践研究方式的差异。

(一) 判例法和诊所教育

1. 判例法具有示范作用

随着我国最高法院指导案例、各级法院示范案例的不断发布，我国法

学的案例研究已经在不知不觉中进入了一个新阶段，即判例法阶段。个案不再是一个具体案例和参考文献，指导和示范，意味着对同类案例的审判影响，是标准化生产和规模化生产的前兆，同样也为AI在司法审判中发挥作用留出了空间。因而本文以“判例法”这一术语替代了我们惯常使用的“案例研究”一词。随着《民法典》的颁布，修法成本的提高，“后民法典”时代将使司法解释和判例的作用更加彰显，所以判例法会是未来我国一个重要的司法依据。

2. 诊所教育训练律师思维

诊所教育也是以具体个案为基础的教学模式，但是它不服务于标准化，只是为学生更为感性的实务经验。这一点既不同于判例研究，也不同于调研报告，更为强调的是精细化培养过程，是对学生律师思维的手把手的教导。与调研报告有重合之处，仅仅在于诊所教育所筛选的案例不必一定具有学理上的典型性，只要具有生活中的特殊性，在案件处理过程中能够让学生解决问题的能力有所提高即可。而与判例法教育不同的侧重点则在于，诊所教育对程序和证据的重视，可能往往大于对法律适用的重视，所以不一定对其他同类案件的处理具有参考价值。

3. 调研报告是立法、执法建议的摇篮

生活中我们最常见的调研报告的运用场景，乃在于全国人民代表大会和中国人民政治协商政会议时（简称“两会”），代表、委员们提出的以建议为目的的书面文件，这些文件一旦被采纳，则会形成某种法律规则或政策。相比较论文在业界学术交流的功用，案例研究在作为实务探讨的经验分享，调研报告的适用范围更加广泛，大到社会问题咨询建议，小到个体企业合规管理，都可能用得上，尤其在形成新的社会政策、实务解决方案和立法、执法建议方面，有非常显著的意义。

（二）立法资料依据

1. 现有的立法资料是调研报告的基础

一方面，制作调研报告是为了完善和促进立法和司法进步；另一方面，调研报告的资料来源，也不限于现场的访问和观察，立法资料作为一个重要的文献渠道，也非常值得被作为调研的背景信息。我国虽然尚未建立立法资料汇编制度，但每有新的立法推出，总会有相关立法机构的释义解读同时出版，也有大量参与立法的学者著书立说，其中不乏对立法过程中讨论的还原和规则设计价值考量的评述。这些资料的价值会远超于制度本身的文义直解，也是在实务中适用法律时所需要参考的背景资料。

2. 调研报告与立法资料之间的互动关系

调研报告与立法资料之间的关系，其实是一个相互服务的动态关系。调研开始前对相关立法状况和原因有所了解，是实施实务调研时对现象观察的一个侧面，比如说要做有关离婚诉求方面的调研，对于法律规定的冷静期以及为什么要规定冷静期的背景有所了解，则在很大程度上能够帮助调研过程中对现有实际状况的理解（如民政部门执行的预约审核制度等）。反过来说，总结实际生活中离婚个案及类案在程序上所面临的问题，充分反映当事人的诉求，了解民间风俗习惯的影响，才能对完善立法提出具有建设性的意见。比如一刀切的冷静期制度，对结婚数十载、婚后矛盾长期积累的夫妻来说只能是雪上加霜，甚至成为姑息家暴行为的漏洞。

（三）经验主义

1. 调研报告的出发点是经验主义

经验主义和理性主义是法学研究乃至法学体系建立的基本逻辑线索，这也是为什么在以理性主义为核心的传统大陆法系的研究成果中，并不是很重视调研报告形式的作品，对于与“田野调查”类似的研究方式也鲜有提倡。当然，这与社会生活的复杂程序也有关系，毕竟当代社会是以立方叠加的方式实现各方面的增长，技术发展所带来的社会变革使法学研究方法的更新成为必然的趋势。

2. 经验主义对立法的影响甚微

随着两大法系的融合，在司法判断中两大法系相互借鉴的趋势早已形成。我国现阶段在司法领域不断增加对个案正义的关注和典型示范案例的推广，就是对英美判例法的借鉴，也的确非常有效地弥补了我国现行成文法固有之缺漏。但是，目前经验主义的适用领域，还主要在司法实践环境中，对于立法的影响甚微。立法乃至司法解释等配套实践指导性规定的形成，基本上还是沿袭着历史形成的逻辑推演模式，以理性主义为推论基础，以抽象主义为结论形成的方法，不能说与实践脱节，但确实在客观上形成了部分“空制度”和“假制度”。

3. 查研究并撰写报告则是非常典型的经验主义的研究路径

虽然最终研究的成果也是为理论和立法服务的，但是一线的观察、一手的信息，更有利于克服法学家立法、“造法”可能的局限。

（四）评价体系

1. 实践教学的评价难题

正如前述，当前实践学习的路径很多，判例、诊所、基地、调研等都是实践学习的方式，以这种方法作为切入的研究路径肯定是可行的，而且也是非常有益的，但是在法学领域中的实务调研，不是简单地实现社会管理的目的，需要作为行为调整规范纳入制度体系，因而对实践教学成果的评价是至关重要的。对于调研报告而言，评判调研结果的价值，即是评价调研报告写作的意义，当分事实和理论两个层面。

2. 调研报告价值实现的事实层面

调研报告价值实现的事实层面，就是尽可能挖掘全面、充分、真实的事实。我们的学生长期生活在象牙塔中，对书本知识的掌握远超对社会生活的理解，即使对发生在自己身边的常见事件也总不能察觉，这与我们的教育体系在培养过程中有意无意地排除非核心目标的习惯有关。但职业教育阶段的学习任务从应付考试转换到解决问题，就需要激发学生的热情，利用学生清楚的事实和动机找出问题并解决问题，这是教师在指导调研过程中需要强化的。在大多数情况下，现实总是比看起来复杂得多，要找到明显事实背后隐藏的内容并不容易。我们需要利用杠杆方法来激发学生探索更多细节的热情。

3. 调研报告价值实现的理论层面

来自社会现象的调研结果，最终要服务的无非还是司法和立法。这就需要有一个成果转化的过程，因而可转化性当是一个评价标准。从事实到结论，需要经历类型化、特例（例外）列举、特殊因素考量、差异因素对比等多个角度的论证，才能形成结论性意见，这一点也是和一般论文和案例研究非常不同的地方。即如果说论文和案例以研究和形成具有普遍适用性规则为其结论，调研报告在提出解决方案时，更应重视例外规则和个别适用的特殊规则。

四、调研报告式论文的结构

调研报告写作需要准确把握好“四选”，即选题、选材、选方法、选时机，而其中选题为第一重要，且在选题过程中实际上包括了其他选择的内容。[1]

（一）选题背景

科研作品的选题背景是必须交代的前情铺序，如果说论文选题的动机说明要展示的是作者对某一选题偏好的研究冲动，调研报告对选题背景的介绍，则更多是客观场景的呈现。笔者总结，认为选题背景的介绍，无外乎5个W：Where（地点），When（时间），Who（人物），What（现状），Why（原因）。这五个要素的交代，是对选题场景的框定，同时也是对调研数据真实性的佐证，与未来的结论相呼应。与学术论文研究范畴相对的抽象性，结论的普遍性相较，调研报告论文的结论之具体、之特定、之例外，均是由以上这五个要素所决定的，因而极大的可能是经过调研后所提出的解决方案，产生的会是一个例外性规则，而不是共通性规则。

1. Where（地点）

场景要素对调研报告背景信息的构建是最基础的部分，但是场景也分大小。当我们在研究法律问题时，往往设定场景都会比较大，这样创设的规则涵盖面广，适用性更强。所以场景要素在法学研究的过程中，实际上是指地域性，且该地域性应当是与传统习惯分类方式有一定的关系。比如在我国，除了有各省、自治区及各等级行政区划的官方地域分类外，也有东北、西北、华中、华北、西南、江南等具有一定代表性文化特征的地域分类。当然根据调研对象可以把场景设定为更小的区域，比如某少数民族自治州。但是从学科特点来看，法学相关研究的调研和人类学调研的场景

---

〔1〕 夏行：《调研报告的创作方法与写作技巧》，载《领导科学》2014年第34期，第34~36页。

选择是完全不同的，即更多求同的趋向，在较大区域范围内展开。当然场景范围也需要结合选题来确定，如果是偏向公序良俗的选题，则区域设定相对较小，以民族、种族、信仰等标准分类则更宜于调研的开展。另外场景也不一定是单一的，多个场景设定，比较调研也是完全可以存在的一种调研方式，实际上这种方法在法学研究中应该更得到提倡，因为更适合用于规则适用性的检验，但目前却鲜少见到。

2. When（时间）

时代背景是事件评价的大坐标，历史长河中的每一个时代都有其特有的历史烙印，也有其不可能超越发展阶段的局限性，正如人们在工业时代无法理解当代的女性独立一样，在劳动力服务市场化之前，在男女同工同酬的职业种类丰富前，社会分工决定了没有家庭的女性几乎是没有社会存在感的。那我们当然不能贸然地评论当时的婚姻家庭法律制度对亲密关系侵权的宽容态度。而今天更多的人关注到亲密关系中存在的PUA、冷暴力、精神虐待现象，也使立法完善的建议呼之欲出。当然，调研报告只是需要明确时间背景，并不需要勾勒时间线条下的社会现状。时间信息的提供，只是便于阅读者如果有兴趣进一步探索时，有得以参照之依据，而不至对调研报告所采数据信息产生理解偏差。

3. Who（人物）

正如前述论及，调研报告虽然是对事实信息的调查和整理，但是其信息来源主要还是人。无论是采用问卷式还是访谈式调研方式作为主要方法，均离不开对特定调研对象的询问。而调研对象的范围，就是我们在调研报告中作为人的部分，也可以理解为主体。对调研对象范畴的确定，或者个体的特定，都是所采信息是否具备可用性的重要依据，因此这部分内容必须有所交代。如在调查问卷式调研中，受访对象往往是经过两个层次来筛选的：一是发放对象的范围是确定的；二是问卷中会通过问题对作为反馈的特定人进行类别划分，比如我们常见的年龄分级、职业分类、行业划分、性别、婚姻状况的区别等，都是在调查问卷中所使用的人物特定化方法。多数的分析报告也会就此作出结论性归纳。访谈式调研则更不必说，人物选择更加精准，甚至常常有必要对人物背景加以说明。

4. What（现状）

现状也可以用“事态”这个词，本应是调研的主要内容，因为所有调研的首要目的是探寻事物的真相，发现真实的问题。正在发生的事件以及事件的真相，人们对类似事件的反馈，社会机制的反应，是一个非常复杂的成像系统。就如同我们在网络上看到一则令人震惊的新闻报道，后面又往往会伴随着各种惊人的剧情反转一样，任何事物被感官认知的时候，已经具备了主观性特点，然后再经过加工编辑、转述传播、规模扩散，受众所获得的信息及其反应，往往偏离了原貌或者至少模糊了原发性要素的影响。这也是为什么要进行实务调研，而不是直接援引已有资料的重要原因。因而，调研报告在交代选题时应当非常准确地确定本报告研究的对象是何种现象，以及当下的基本现状概述。唯如此，才能使报告围绕一个具体的中心展开。

5. Why（原因）

任何一项研究背后的动机，都是我们在讨论其成果时必须审视的项目，也是评判成果价值的一个主要依据。在研究开始前应当确定研究的动机，而这也将是调研过程中所有活动的核心动力，更是调研报告中首先要向读者说明的事项。动机是开展科研活动的初心，也是科研成果的展示的前言，是对研究者出发点所做的交代，与读者之间更具个性化的交流。很多人将写作的动机与意义相混淆，无意间将写作动机表达为抽象的价值或情怀的追求，甚至喜欢与国家大政方针相联系。固然任何一个研究都是为了最终服务于社会，令大众受益。但一个具体研究的动机，更应当体现出作者研究兴趣之所在、切入契机之巧妙、研究方法之独特、思维架构之创新，用作者视角的阐释，比宏大意义的分析，更能让读者产生继续研读的兴趣。

（二）样本选择

1. 样本分类

调研是基于事实的分析，所采集的事实可称之为“样本”，大部分是以事例或案例的形态呈现的。调研的基本事实构建基础，是对样本进行分类，也就是我们常说的类型化。例如我们对建设工程承包合同纠纷实务展开调研，那么可以将诉讼、非诉讼作为一个大的分类标准；也可将工程款纠纷、工程质量纠纷、工程交付、验收等附随义务纠纷等争议焦点作为分类标准；还可将发包方起诉和承包方起诉、合作方起诉等诉讼主体因素作为一个分类标准等，即确定调研对象后，还需要对调研对象进行更为细致的分类，这样无论调研过程中的数据采集还是调研后的数据分析工作，均可更为有逻辑条理地开展，当然对于结论的形成也会有益。

2. 样本特点

样本分类的依据往往是基于样本的某些可以定性的特征而进行的，一般样本分类的同时，样本特点也比较容易甄选出来。样本的分类和总结，主要基础是对材料的全面汇总和分析，充分性的要求可能更大于分类的精确性，虽然二者均为必要，但全面的素材无疑是精准归类选择的前置条件。[1]对于不同的报告，可采取不同的形式，无论在哪个部分，只要能够阐明样本特点即可，如无必要，也可不交代。

3. 样本分布

样本分布也是一个可选项，即不是必须在调研报告中有所提及的，比如地理位置上的分页，通过上述地理定位（Where）事项就能够说明清楚，不必单独涉猎。诉讼发生概率或者诉由分布，在样本分类项目中也完全可以覆盖。只有样本分布具有在基本要素中未予提及且有必要的情况下，对样本分布的介绍才是研究的组成部分。所谓分布，可以基于时间线、位置线、主体性别、主体年龄、收入水平、学历层次、职业领域等，几乎所有存在差异性并具有类型化可能的分界线，均可拿来作为样本分布结构的划定标准。

4. 样本典型性

调研对象是否应具有典型性是一个可争议的话题，在调研目标设定时，往往需要界定目标范围，而精准的界定则使得目标很自然地具有典型性。正如前述所及，因为调研要解决的最终不是个案问题，而是为某类事

---

〔1〕 蒋钢城：《由材料梳理到再现——例谈调研报告的写作》，载《应用写作》2015 年第 6 期，第 22~24 页。

件提供具有普遍适用性的解决方案，因而样本需要具有典型性，应当具有两方面的特征：一方面是具备高辨识度，具有突出的特点，具备作为特定问题研究载体的独特性；另一方面是具有代表性，即并不是一个突出的个案，而是最能代表类案的样本。此外样本典型性不仅是指样本的选取，还包括在报告中对样本选取标准及其特点的说明，从而使研究的针对性更加明确。

（三）现有尝试或模式

调研的事实和数据采集需要关注的除了事实本身，还要注意当下的社会关系模式。尤其是法律实务类调研，一定要尊重一个先验的现实，即某种现象的存在是日积月累随着时代发展形成的，而规制这一现象的规则和制度也从来不是完全空白的，或许我们没有某个部门法律，但并不见得不具备调整该类法律关系的规则，多数情况下至少是有一些可参照依据的规则的。基于这个认知，我们在确定样本之后，也要对当下的样本存在条件环顾分析。

1. 现行政策

当下存在事实背后的政策环境，与事实、事件是相互作用的，事实引发政策的制定，同样政策又是事态发展的导向，这一点是毋庸置疑的。因而在对样本进行观察的同时，要充分考虑当时的社会条件，评估政策的影响力。这也就是写作学者所称的“掌握政策，吃透上情”。[1]例如：讨论某少数民族地区的适婚年龄，既要考虑当地的文化传统、风俗习惯，也要评估当前执行的适婚年龄标准对年轻人婚恋观念的影响。再放眼全国范围，比较其他地区政策的差异，才能对客观事实本身是否具有校正或者调整必要提出准确的意见。例如我国适婚年龄的立法，从新中国成立初期到改革开放之后是上升的趋势，一来是为了配合晚婚晚育的倡议，与计划生育政策相匹配。二来也是与我国学龄学制更为契合，学生从大学毕业的年龄为界判断是否适婚 。但是随着社会老龄化加剧，生育意愿降低，事实上

---

〔1〕 李景彪、马荣振：《略谈调研报告的写作技巧》，载《秘书之友》2012年第11期，第15~16页。

的学制延长就业迟滞，使晚婚晚育甚至不婚不育数额剧增。而其中又存在一个矛盾，即青少年发育水平比20年前显著提高，生理成熟提前、心理年龄延后，社会参与度严重延缓，高考制度改革后上大学与结婚不再是矛盾。在多种社会条件下，适婚年龄，尤其是少数民族地区的适婚年龄如何设定，需要参考的因素非常复杂。之所以罗列如此繁杂的影响因素，就是为了说明调研真正的意义。

2. 典型事例

我们在走访一些机构时，不管是官方的行政部门，还是普通的企事业单位，非常惯常的做法，是请一些业务负责人介绍业务概况，实际上其中是存在两个误区的：一个误区就是业务专家和外行、他行的角度有着质的差异性，往往存在对同一事实理解上的偏差，容易引起误导；另一个误区就是概况介绍是经过加工总结归纳的信息，在一定程度上已经脱离了原始信息的样貌。法律实务调研的一手信息，主要的体现就是真实、典型的事例，也是我们常常说的具有确定性的案例事实。所以调研的本身是要深入最基层与当事人交流，掌握一线最准确细节完备的事实，尤其是要善于发掘同类不同事件的差异性，而不是去追求其共通性，这也是案例研究和实务调研的一个重要差异。

3. 模式分类

在西方社会科学的治学过程中，“田野调查”始终占有非常重要的比重，因而我们常常看到的社会科学成果，尤其是人类学、社会学，也包括法学的成果，是以数据来说话的。我国法学研究由于尚处于立法框架搭建阶段，《民法典》的实施使我国法律有了明晰完整的体系，随着对法律适用细节的不断追究，细致立法的要求将使实务调研变得更加必要。正如前述提及，确定的典型事例是实务调研的主要对象，但是通过不同地域、时限、民族等分域方式，对一手资料和数据的归纳整理，也是调研报告的一个必要部分。因而在大多数调研报告中，往往都包含模式分类的分析。如我们在分析独居老人监护权问题时，除了在地域实施上差异的分析，还会对现有的几种模式，法定监护、指定监护、委托监护分别介绍，特别是委托监护的部分，由谁委托，委托谁等，也要分模式进行介绍。模式分类的主要意义，在于使归类事实，确定归属，从而与所涉及的法律规则相衔接。不能笼统地直接讨论一个社会现象就应当运用哪些法律制度，那样的话，其实会产生跟当下论文研究一样的问题，不能切中要害。

4. 社会学角度的研究方法

调研报告重在调查，是更倾向于社会学角度的研究方法，而这一方法也是我们在一般法学论文写作中不会运用的。目前研究者常用的有四大调查方法：观察调查法，访谈调查法，问卷调查法，文献调查法〔1〕，其中以访谈和问卷为中心，即与人的接触、一手的信息。也有人把访谈和问卷统一归类为访谈法，并将之分为结构式访谈和无结构式访谈。前者是以经过事前设计的统一的问卷为调查方式，由被调查者填写完成的，所谓结构乃指统一的模式无调查对象个体适用差异。而无结构式访谈则是自由访谈，是与个体交流的动态过程，是一场看似随意但能够通过互动不断深入的调查方式，推进难度高但是效果更显著。而且无结构式访谈，无论在术语上如何定义，相对于调查问卷的反馈结果，真实度都更高一些。

当然，调查方法只是社会学角度方法运用的一个方面，仅涉及如何调查的问题。社会学角度的方法还包括经验主义研究、个案研究、行为预测研究和价值中立研究等很多内容，也是可以在调研过程中应用的。

（四）重点和难点

调研报告的一个重要组成部分是对重点和难点的剖析，这一点既与其他著作有相似之处，如写作过程要突出重点、针对难点，另外也有不同之处，在于调研报告的写作往往不单单是为了解决问题，很多时候只是呈现问题，将问题留给理论研究者。因此，调研报告在写作中，一般需要把重点和难点罗列出来，这部分也是调研的研究成果。在对重点和难点进行描述时，应突出以下要点：

1. 创造性

任何一个研究的目标都是形成创新性成果，调研报告貌似只是叙述现

〔1〕 任秀霞、洪威雷：《公务调查的方法——调研报告写作系列谈之三》，载《秘书》2014年第5期，第35~37页。

象，但根本上也是创造性工作，需要指出创新的方向。因此，调研报告在总结难点和重点时，要把是否试图进行创造、运用了何种方法创造、是否有创造性的成果等这几个方面予以说明。与论文著作类成果的不同，仅仅在于这种创造不一定表现为一个结论，它既可以是视角、调查方法，也可以是信息渠道、分析技巧，它是一个研究过程的全面反映，而不是单纯的推理和论证。

2. 可行性

调研报告常被称为政府行政和执法的基本功和生命线[1]，虽然是实务型研究，立足于实践，但其研究成果不是直接作用于实践，而是往往需要经过立法、司法、行政政策、资源分配等新的形式回归实践，因此报告所提出的方案具有可行性是非常必要的。也正因如此，可行性的论证往往是调研报告的一个难点，应当结合所采集的事实数据，在重点与难点部分进行深入的分析。

3. 标准化

在进行重点和难点剖析时，有一个重要的问题就是基于实例和个案的调研研究，能否形成具有一定普遍适用性的方案，这一点在前述论理中也多次涉及，在研究过程中，如何将案例、事件、现象中共同的要素提出来，又在提出解决方案时针对确定的要素，形成具有一定标准化适用的思考，对于调研报告研究的意义会有很大提升。也就是说，很多调研的开展，往往需要通过一个深入实践的过程，探索出具有一定标准化的问题解决方案，在一定范围内普遍适用，或者能够通过举一反三在类似情形下较为广泛地适用。

4. 精确性

调研过程中有一个客观现实的困难，就是还原事实、尊重事实和忠于事实，无论调研问卷如何设计，无论访问人群如何限制，信息形成过程中总是存在虚构、加工、编辑、误导等种种可能性，这是人的主观性无处不在地发挥作用的不可否认的事实。而对读者来说，调研报告展示的最重要

---

〔1〕 王帅章、李晓蕾：《浅议调研报告的写作》，载《应用写作》2011年第7期，第18~25页。

的信息其实是证据。[1]正因如此，调研报告完成过程中，始终需要在精确性方面不停质疑，不断纠缠，这些需要报告者有意识地去完成，也要在报告中有所体现。这对于后来的研究者和决策者，都会有重要的参考价值。

（五）思考和建议

思考和建议是调研报告的结论，是报告必须具备的一部分，是对整个研究过程中形成的成果的总结，当然是非常重要的。思考和建议应当紧紧围绕报告前面提出的问题，针对报告所关注的重点和难点问题，具有可行性和一定适用范围。提炼结论是调研报告的一个重要方面，任何实践性调研都是为了找到未来更具普遍适用性的规则。很显然，情形教学法对学生从实践和学术两个方面，进一步理解研究对象非常有帮助。

综上所述，实务调研报告写作应当作为法律硕士培养的一个优势侧面、特色项目来推广。调研报告写作的训练，有益于突出专业硕士发现和解决问题的能力。以法律实务训练为基础，但不囿于法学学科的界限，利用学生的交叉学科优势，拓宽他们的视野，有利于法律硕士毕业生更好地适应社会需求，发挥其学科背景优势。

---

〔1〕 汤文颖、申珂瑜：《浅析调研报告写作中的科学分析与精准表述》，载《秘书之友》2019年第2期，第19~23页。

课程思政《民事证据法》的价值定位与讲授方法

胡思博*

一、中国政法大学开展思政课程建设的背景

为了深入学习习近平法治思想，认真贯彻习近平新时代中国特色社会主义思想和党的十九大精神，全面落实全国教育大会、全国高校思想政治工作会议、学校思想政治理论课教师座谈会精神，中国政法大学根据中共中央、国务院《关于加强和改进新形势下高校思想政治工作的意见》，中共中央办公厅、国务院办公厅《关于深化新时代学校思想政治理论课改革创新的若干意见》，中共教育部党组《高校思想政治工作质量提升工程实施纲要》和《"新时代高校思想政治理论课创优行动"工作方案》等文件精神，结合中共中国政法大学委员会《关于推进课程思政建设的实施方案》，于 2019 年 10 月份起在全校范围内开展本科课程思政系列建设工作。"德是做人的根本，课程思政应将德育置于课程目标之首，倡导并践行社会主义核心价值观和爱国主义精神，强调基于省思基础上的笃信和理论自觉基础上的实践自觉，不断提高学生思想道德素养，提高学生服务国家服务人民的社会责任感。"[1] 在本

* 胡思博，中国政法大学诉讼法学研究院副教授，中国政法大学钱端升青年学者。

[1] 许涛：《构建课程思政的育人大格局》，载《光明日报》2019 年 10 月 18 日，第 15 版。

次课程建设过程中，学校要求课程思政建设要有机融入学院整体的学科建设与专业发展规划中，突出育人导向、问题导向和目标导向，在内容、方法、途径、载体上探索创新。同时要求教师个人充分发挥主观能动性，在思政教育和专业教学的并行过程中，体现教师风格，彰显课程魅力，强化立德树人的使命感和荣誉感，提升业务能力和育人水平，推进完善课程思政建设，不断践行课程思政教育教学改革，致力成为学生的学业导师、思想导师和人生导师。

二、《民事证据法》课程所体现出的思政元素

民事证据规则的改革和完善，以及民事证据法的构建与草拟，是整个民事诉讼制度的核心内容，是民事诉讼实务中的关键技术，是民事审判方式改革的重点和难点，也是民事诉讼法再修改所密切关注的领域。中国政法大学基于民事诉讼法学科的强大师资，在 64 学时专业必修课《民事诉讼法》的基础上，将民事证据制度单列，专门开设 32 学时专业选修课《民事证据法》，使得学生能更好、更细、更全面地学习民事证据制度。开设《民事证据法》课程，是基于当前民事审判制度的改革需要，是完善我国民事证据立法的当务之急，是为当前的民事证据制度改革提供理论研究与实务演练的平台，是为理论与实践部门培养和储备精英型法律人才。通过系统讲授民事证据规则的知识点，使学生较全面了解和把握民事证据制度的重要内容，并通过案例教学，使学生熟练掌握民事证据的实务操作技能，为将来从事理论研究或审判实务奠定坚实的基础。

习近平总书记在 2017 年考察中国政法大学时强调，“法学教育要坚持立德树人，不仅要提高学生的法学知识水平，而且要培养学生的思想道德素养”。自 2016 年以来，笔者在每年秋季学期为法学专业和其他非法学专业的大三本科生开设《民事证据法》课程时，一直注重将习近平法治思想、当代社会主义核心价值观、习近平总书记在中央政法工作会议上强调的重要精神、党的第十九届五中全会的精神等贯穿其中，将法律规则的讲授与社会文明的进步精神相结合、域外先进的证据制度与中国本土的社会实践需要相结合，培养学生树立在正确价值理念下的证据观、诉讼观和人

生观。2019 年 11 月，在笔者牵头申报的基础上，经中国政法大学教务处考察评比后，《民事证据法》课程入选中国政法大学首批资助立项的本科思政示范课程，获得学校拨付的相关经费进行资助建设。

民事诉讼的发生是以民事纠纷的产生为前提，树立正确的价值观和道德观、遵循民事活动中的诚实信用原则是减少民事纠纷发生、促进社会矛盾缓和处理的必要方法。富强、民主、文明、和谐是国家层面的价值目标，自由、平等、公正、法治是社会层面的价值取向，爱国、敬业、诚信、友善是公民层面的价值要求。《民事诉讼法》的教学背景所依托的民事纠纷案例本身便具有很强的负面效应，当今社会中不断涌现的司法乱象也通过各类媒体得到了广泛传播，甚至一些不甚科学的评价和分析也时常存在。面对尚无诉讼经验、不了解法官实际工作状态、不能切身体会当事人复杂诉讼心理的年轻学子，应当如何在教学中向学生传递正能量、引导学生形成积极向上的诉讼价值观、让学生正确地看待诉讼和理解诉讼，是笔者在教学中不断探索和追求的重要目标。

三、课程思政《民事证据法》讲授过程中的亮点展示

（一）对诚实信用原则的贯彻

习近平总书记强调，要健全社会心理服务体系和疏导机制、危机干预机制，塑造自尊自信、理性平和、亲善友爱的社会心态。[1]当事人的诉讼心态会对其诉讼行为产生潜意识或无意识的影响，外化的诉讼行为会受到诉讼心态或隐或显的左右和支配；诉讼行为均可找到内部的心态原因，内在的诉讼心态通过外在的诉讼行为表现得以反映和被外界感知。在当事人的情绪处于积极状态时，往往会倾向于以较为冷静、客观的态度对待诉讼，并多半会以宽容的态度对待诉讼各方；而当当事人的情绪处于消极状态时，则往往倾向于以较为冷峻、灰暗的态度对待诉讼，并多以苛刻的方式对待诉讼各方。以当事人、证人、鉴定人等主观言辞为基本形式的言词

---

〔1〕 中共中央宣传部编：《习近平新时代中国特色社会主义思想学习纲要》，学习出版社、人民出版社 2019 年版，第 165 页。

证据，其真实性的不确定成为当前制约民事审判实务的关键点之一，为此应在民事诉讼中对真实义务加以强调。“谎言有许多不同的类型。伪造是指完全的虚假，交流的每件事都与事实相反，是一种彻头彻尾的谎言。扭曲是指偏离事实，夸大也属于这个类别。隐瞒指的是撒谎者在知道或记得事实的情况下说自己不知道或不记得。”〔1〕针对我国当事人、证人在法庭上经常说谎的情况，尽管现行《中华人民共和国民事诉讼法》和最高人民法院《关于民事诉讼证据的若干规定》规定了保证书制度，并明确了对违反诚实信用原则人员的惩戒措施，但如何判明谎言在多大范围内存在、惩戒是否能起到积极效果仍是令法官较为头疼的难题。笔者在讲授这一问题时，积极引导学生秉持实事求是的理念，对虚假陈述、恶意反悔、沉默不语等诉讼行为的性质、效力和后果进行具体分析。“作为一个理性的人，总是会权衡风险和收益，证人作伪证能够得到一定的利益，也面临着受到法律制裁的风险，当他觉得收益大于风险的时候，自然会选择伪证行为。”〔2〕

（二）对偷拍偷录行为的定性

笔者在授课过程中，加强引导学生对涉诉当事人诉讼心理的认识和把握，对取证方法、证据种类等法律制度产生科学的认识和理解，减少因其对诉讼证据制度的不了解而派生出新疑惑。目前便携式录音、摄影设备已广泛运用，偷拍偷录行为随处可见。为了保护自身利益而进行的偷拍偷录是否可以作为证据在法庭上使用，以及偷拍偷录中“偷”的对象、地点、范围和程度，广大学生其实并不能准确认识。为此，笔者结合最高人民法院《关于适用〈中华人民共和国民事诉讼法〉的解释》第 106 条规定的“对以严重侵害他人合法权益、违反法律禁止性规定或者严重违背公序良俗的方法形成或者获取的证据，不得作为认定案件事实的根据”进行讲授，着重分析为何“严重”、如何界定个人隐私、如何对使用该证据所造

---

〔1〕 乐国安、李安、杨群编著：《法律心理学》，华东师范大学出版社 2016 年版，第 133 页。

〔2〕 姜丽娜：《证人证言研究中的心理科学》，中国社会科学出版社 2013 年版，第 79 页。

成的利弊进行大小比较[1]，使学生对发生在身边的类似情况能够准确认识和合理判断。

（三）对高空抛物致人损害案件中证明责任分配的讲解

按照党中央的精神，青年学子应正确对待自己、他人和社会，正确对待苦乐、荣辱、得失、顺逆，塑造自尊自信、理性平和、积极向上的和谐心理。高空抛物纠纷目前在生活中屡屡发生，往往造成较大的社会负面影响，引发广泛的社会争论。同时部分群众对《中华人民共和国民法典》第1254条所规定的"难以确定具体侵权人的，除能够证明自己不是侵权人的外，由可能加害的建筑物使用人给予补偿"责任、《中华人民共和国刑法修正案（十一）》所规定的高空抛物罪的定罪标准也不甚理解。通过对这类案件中特殊证明责任分配的讲解，为广大学生树立安全意识，同时为自我权益保障提供法定渠道。

（四）对出庭作证义务的鼓励，提高证人出庭率，提高证人证言在民事诉讼中的积极作用

按照党中央的精神，青年学子应尊重人、理解人、关心人，热爱集体，热心公益，扶贫帮困，全社会应形成团结互助、平等友爱、融洽相处、共同前进的和谐氛围与和谐人际关系。证人具有唯一性和不可替代性，证人证言在某些案件中是查明事实的重要依据。当下社会，部分人士因担心人情、费用、时间、安全等问题，不愿作为证人参加诉讼，或者只是提供书面证言而不愿出庭。"研究证人心态中的动机包括作证的动机、拒绝作证的动机以及作伪证的动机。证人动机在证人证言中具有重要的作用，只有当这些内心起因及作证动机产生、存在和起作用时，证人才可能进一步形成作证的决意。"[2]面对证人们的种种担心和焦虑，笔者在讲授和分析这类现象时，积极鼓励学生正确认识诉讼价值，充分运用现行法所

〔1〕 个案中应重点考虑的事宜包括：取证手段违法的严重程度，取证证据所保护的合法权益的大小，取证手段对他人利益造成损害的大小及社会危害性，权益被侵害人是否存在重大的过错、是否负有证明协力义务，证据的重要性及必要性，涉诉案件的性质，取证手段是否具有可替代性、采纳该证据可能会导致的预期法律效果和社会效果，取证行为是否存在有正当防卫、紧急避险等阻却违法事由等。

〔2〕 乐国安主编：《法律心理学》，华东师范大学出版社2003年版，第294页。

规定的费用承担、安全保障等措施，承担起自己对维护司法秩序、促进公平正义的社会责任。

（五）对见义勇为的支持

按照党中央的精神，全社会应切实弘扬中华民族传统家庭美德，推动践行以尊老爱幼、男女平等、夫妻和睦、勤俭持家、邻里互助为主要内容的家庭美德，加强未成年人权益保护工作，促进未成年人健康成长。“南京彭宇案”[1]曾在全社会引发轩然大波，是否应在第一时间去搀扶摔倒的老人、“莫让英雄流血又流泪”等成为街头巷尾广泛讨论的话题。该案中经验法则之下推定的运用、推定和证明责任的顺位关系等证据规则问题，是该案中的法律技术疑难之所在。为此，借助笔者对该案的讲授，可实现对伸张正义的强调，并从证据规则层面提供自我保护的法宝。

（六）发展和创设民事公益诉讼中的特殊证据规则等

《中国共产党第十九届中央委员会第四次全体会议公报》提出，坚持和完善生态文明制度体系，促进人与自然和谐共生。生态文明建设是关系中华民族永续发展的千年大计。要实行最严格的生态环境保护制度，全面建立资源高效利用制度，健全生态保护和修复制度，严明生态环境保护责任制度。民事公益诉讼作为新型诉讼程序，其区别于传统的私益诉讼规则。通过笔者对民事公益诉讼中环境侵害证明责任的分配，检察机关诉前单方委托鉴定在诉讼中是否可以直接作为裁判依据，如何保证检察机关在办理公益诉讼案件中调查核实权的刚性，检察机关提起民事公益诉讼的胜诉标准是否应当高于“高度盖然性”，法院在检察机关所提起的民事公益诉讼中能否依职权收集证据，专家证人和物证的功能如何能够有效发挥等

---

〔1〕 该案一审判决书中的相关裁判理由曾引发巨大争议：双方在庭审中均未陈述存在原告绊倒或滑倒等事实，被告也未对此提供反证证明，故根据本案现有证据，应着重分析原告被撞倒之外力情形。本案事发地点在人员较多的公交车站，是公共场所，事发时间在视线较好的上午，事故发生的过程非常短促，故撞倒原告的人不可能轻易逃逸。根据被告自认，其是第一个下车之人，从常理分析，其与原告相撞的可能性较大。如果被告是见义勇为做好事，更符合实际的做法应是抓住撞倒原告的人，而不仅仅是好心相扶；如果被告是做好事，根据社会情理，在原告的家人到达后，其完全可以在言明事实经过并让原告的家人将原告送往医院，然后自行离开，但被告未作此等选择，其行为显然与情理相悖。

问题的讲授，使得学生对环境保护有更为清楚的规则意识。

（七）确保鉴定机构、翻译机构、勘验机构所出具证据材料的中立性，平衡好市场商业机制与诉讼中立主体地位

2019 年 1 月 15 日至 16 日，习近平总书记在中央政法工作会议上强调，要深化公共法律服务体系建设，加快整合律师、公证、司法鉴定、仲裁、司法所、人民调解等法律服务资源，尽快建成覆盖全业务、全时空的法律服务网络。鉴定机构的企事业单位的基本定位、法律证明功能与商业模式的混合等问题，使得目前鉴定市场存在一定的乱象，笔者在讲授过程中，对鉴定机构的确定、鉴定人的选定、当事人对鉴定意见的异议、鉴定人出庭、重新鉴定、鉴定人撤销鉴定意见等技术规则问题一一分析，帮助学生树立正确的价值观和诉讼观。

（八）发展和完善电子证据制度，促进电子诉讼程序的进一步发展

2019 年 1 月 15 日至 16 日，习近平总书记在中央政法工作会议上强调，要深化诉讼制度改革，推进案件繁简分流、轻重分离、快慢分道，推动大数据、人工智能等科技创新成果同司法工作深度融合，政法系统要把专业化建设摆到更加重要的位置来抓。互联网法院的建设、电子诉讼规则的设计和电子证据的特殊运用方法，都是笔者在讲授过程中的重点。这些知识点也与当代青年学子对电子产品、电子服务感兴趣的时代特征产生了紧密结合，是文科生接触技术问题的连接点，取得了良好的教学效果。

作为通识教育的《中国社会史》课程及其教学实践*

——以中国政法大学《中国社会史》课程为例

邓庆平**

通识教育（general education）一般是相对专业教育（professional education）而言，即“不直接为学生将来的职业活动作准备的那部分教育”，但也可以做更广义的理解，即大学的整体办学思想或观念，指“大学教育应给予大学生全面的教育和训练，教育的内容既包括专业教育，也包括非专业性教育”。[1] 不管是广义还是狭义层面的通识教育，其理论和实践的迅速发展，都是20世纪以来国际教育学领域最为突出的成就之一。自20世纪90年代开始，我国许多大学都在以不同方式推动“大学本科通识教育”的发展，通识教育在高等教育和人才培养中的重要性已日益成为中国教育界的共识。

在高校通识教育体系中，历史学作为人文基础学科，在培育大学生人文素质、健全人格和价值观等方面具有不可替代的重要作用。特别是在弘扬中华优秀传统文化的时代背景下，承载中国传统文化精髓的中国史学科势必成为通识教育的主阵地，历史通

---

* 本文系中国政法大学2020年校级教育教学改革项目“通识主干课程《中国社会史》教材建设研究”的阶段性成果之一。

** 邓庆平，中国政法大学人文学院历史研究所副教授。

〔1〕 李曼丽、汪永铨：《关于“通识教育”概念内涵的讨论》，载《清华大学教育研究》1999年第1期，第100页。

识教育也迎来了新的发展契机。目前，已经有许多高等院校针对非历史专业学生开设了历史类的通识课程，学者对设置历史通识课程的意义、目标与教学实践也进行了诸多探讨。[1]但是，由于学校类型、学科设置、师资力量、教学资源、专业理念上的不同，高校在推进历史学类通识课程的力度、层次与水平上还是存在较大差异，不同院校开设的历史通识课程体系也各不相同。与历史专业教育特别强调历史知识体系的完整性不同，历史通识教育在课程设置时不用全面覆盖中国通史、世界通史、断代史、国别史、历史文献、史学理论等专业课程群，而是应该在提升学生的历史思维、家国情怀、人文素养等契合通识教育的教学目标指导下建设有特色的、专题性的历史通识教育课程。笔者以为，就这个目标而言，社会史因其“总体史”的研究旨趣、研究领域的极大拓展、“自下而上”的观察视角和多学科的研究路径等学科特色，使其成为历史类通识课程建设的极佳选择。如果参考甘阳先生关于中国大学通识教育应开设“共同核心课”的建议，[2]社会史课程或许就可以打造成为一门在各高校普遍开设的历史通识教育核心课程。

自20世纪80年代社会史研究复兴以来，不断积累的学术研究经验与教学实践相结合，许多高校的历史学专业都开设了社会史课程，但课程设置、教学活动与教材编写，都是面向历史学专业的本科生或社会史方向的研究生，相关的教育研究论文和教材也集中在专业教学领域。[3]至于社会史如何以通识课程的形式，即主要面向非历史学专业的本科生展开教学活

---

[1] 参见杨加深：《通识历史课程如何吸引非历史专业学生——以山东大学历史文化学院在全校开设“中华民族精神概论”为例》，载《历史教学问题》2009年第3期；赵晓华：《历史类通识课程的意义、目标及方法》，载《黑龙江史志》2010年第17期；张龙平：《历史教学在大学通识教育中的运用》，载《教育与教学研究》2012年第4期；吴琦：《高校历史学类通识教育存在的问题及建设建议》，载《历史教学（下半月刊）》2018年第1期；任丹萍、胡家鑫：《高校推广历史通识教育的途径分析》，载《文化创新比较研究》2020年第9期。

[2] 参见甘阳：《大学通识教育的两个中心环节》，载《读书》2006年第4期，第3页。

[3] 如郝平、韩晓莉：《中国近代社会史课程的教学设计与实践》，载《教育理论与实践》2008年第33期；张智清、傅亮：《整体史的诉求，个性化的选题——〈中国社会史教程〉述评》，载《苏州科技学院学报（社会科学版）》2010年第2期；申红星：《论社会史在高校历史学教学中的应用》，载《辽宁行政学院学报》2011年第5期。面向历史专业本科生和研究生的社会史教材，如冯尔康：《中国社会史概论》，高等教育出版社2004年版；池子华、吴建华主编：《中国社会史教程》，安徽人民出版社2009年版；张笑川主编：《中国社会史导论》，上海教育出版社2020年版。

动，应该如何设计课程体系和教学方式，如何通过课程教学充分发挥社会史在通识教育中的独特作用，落实通识教育的人才培养目标，这些问题还值得认真思索。笔者执教的中国政法大学，现行的通识课程体系包括通识核心课程、通识主干课程、通识一般选修课程几大课程群，《中国社会史》是2015年获得学校教学指导委员会批准开设的一门通识主干课程，此后，该门课程每学期均面向全校各专业本科学生开课。本文拟围绕社会史研究的主要特点，结合开设《中国社会史》课程的教学实践，对以上问题进行初步的探讨，以求教于学界同仁。

一、作为“总体史”的社会史与通识教育

早在社会史以“新史学”的形象在东西方学术界初兴之时，其研究宗旨便呈现出“总体史”或“整体史”的鲜明特点。不管是出版《新史学》的美国历史学家鲁滨孙（J. H. Robinson），还是法国年鉴学派第一代的史家吕西安·费弗尔（L. Febvre）和马克·布洛赫（Marc Bloch），抑或是以梁启超为代表的倡导“史界革命”的中国学者，都在20世纪的前30年里先后发表了“新史学”应进行整体性研究的号召。他们对“总体史”的提倡，建基于对传统的精英政治史的批判，呼吁打破政治史一统天下的局面，研究全体民众的全部的历史，如梁启超在《中国历史研究法》中说：“史也者，人类全体或其大多数之共业所构成，故其性质非单独的而社会的也。”[1]撰写《新史学》的美国历史学家鲁滨孙也说：“历史是一种研究人类过去事业的广泛的学问。”[2]他们都在表达对于历史和历史研究整体性的认知和追求。

20世纪以来的中外社会史研究不断发展，对“总体史”的理解和研究实践也在发生变化，但社会史研究的整体性追求却以不同形式保持下来。同时，我们还应该注意到，社会史研究的整体性不仅仅体现在将各类历史要素尽可能全面地纳入考察范畴，更重要的是探究诸多要素之间的结构性

〔1〕 梁启超撰：《中国历史研究法》，汤志钧导读，上海古籍出版社1998年版，第2页。
〔2〕 ［美］鲁滨孙：《新史学》，何炳松译，广西师范大学出版社2005年版，第1页。

联系，即在具体的社会场景（如地方社会、社会共同体）中揭示各种历史要素间互相发生关联的动态过程。[1]因此，作为“总体史”的社会史研究，不仅前所未有地拓展了历史研究的领域，更强调对社会各方面之变化做出整体性的历史解释。

社会史具有的“总体史”或整体性研究特色，与通识教育蕴含的“通”“博”“全面教育”等理念极为契合。由于研究领域的广泛性和研究视野的整体性，社会史课程不仅能够极大地丰富历史通识教育的教学内容，拓宽学生的历史知识结构，还能培养学生综合分析历史现象与社会问题的能力。因此，在现行的高等院校通识教育体系中开设社会史课程是很有必要的。但不可否认的是，社会史研究内容的广泛也对社会史课程体系和教学活动的设计提出了挑战。目前，各高校面向历史学专业的本科生或研究生开设的社会史通论或断代社会史课程，大多采用两种形式的课程体系展开教学：一种是按照社会构成、社会生活、社会功能、社会运行等几大模块搭建课程体系，[2]另一种则是以社会史理论+社会史专题+社会实践（以田野调查为主）的形式展开教学。[3]总体而言，作为专业教育的社会史课程的教学大纲相对固定，课程体系和知识架构也较为完整。但是，通识课程面对的都是非历史专业的学生，缺乏相关的社会史理论和知识基础，课时又相对有限，很难在较短的学时内完成这么多的教学内容和教学任务。那么，如何科学合理地设计课程体系和教学活动，才能体现社会史的“总体史”研究特色在通识教育中的意义呢？

中国政法大学的通识主干课程《中国社会史》自开设以来，经过几年的教学实践和改革探索，笔者认为，组建教学团队、在形成理论共识与大致相同的课程架构下，打造同一课程号下包含不同序列的平行课程或课程组，是目前看来相对可行的方案，即构建“理论共识+基本一致的课程架

---

〔1〕 参见小田：《论社会史的整体性》，载《河北学刊》2012年第5期，第42~47页。

〔2〕 参见郝平、韩晓莉：《中国近代社会史课程的教学设计与实践》，载《教育理论与实践》2008年第33期，第46~47页。

〔3〕 参见行龙、常利兵：《历史课堂要“走向田野与社会”——关于区域社会史教学实践的一个新理念》，载《教育理论与实践》2008年第34期，第53~56页；吴才茂、姜明：《论区域社会史课程的教学改革及其实践理念》，载《教育文化论坛》2014年第1期，第77~81页。

构+相对多元的专题内容”模式的中国社会史课程群。具体来说，就是由几位长期从事中国社会史研究和教学工作的中青年教师组成教学团队，通过集体备课，达成对社会史概念、研究特色和方法等理论问题的基本共识，在此基础上设计整体的课程大纲。目前，我们这个教学团队搭建的课程架构是社会史专业课程和教材普遍使用的“导论+专题”形式。“社会史导论”部分主要包括社会史的概念、研究方法与发展历程等理论知识，因为选课学生来自非历史学专业，有着各自不同的学科背景和历史基础知识，在导论部分，教师需要深入浅出地向学生介绍清楚社会史研究的基本理念和学术史，使学生对这门新课程的理论和知识体系有着基本的了解和认识。“社会史专题”部分则涉及社会结构、日常生活、社会问题、基层治理、区域社会等丰富内容，考虑到本校以法学为优势学科、法学专业学生数量居多的特点，还专门开设法律社会史等特色专题。本校《中国社会史》课程（30学时）体系的具体内容可参见表1：

表1 《中国社会史》课程（30学时）体系

<table>
<tr><th>模　块</th><th colspan="2">具体内容</th><th>学　时</th></tr>
<tr><td rowspan="4">社会史导论</td><td colspan="2">什么是社会史</td><td rowspan="4">6</td></tr>
<tr><td colspan="2">社会史的研究旨趣与方法</td></tr>
<tr><td colspan="2">社会史的发展历程</td></tr>
<tr><td colspan="2">社会史研究的新趋势</td></tr>
<tr><td rowspan="8">社会史专题（各平行课程可选讲不同主题）</td><td rowspan="3">社会结构</td><td>再论“封建社会”与历史分期问题</td><td rowspan="3">6</td></tr>
<tr><td>中国的科举制度与社会流动</td></tr>
<tr><td>近代中国的工业化与社会转型</td></tr>
<tr><td rowspan="3">城市与乡村</td><td>城市生活与社会变迁</td><td rowspan="3">6</td></tr>
<tr><td>乡里制度与基层社会治理</td></tr>
<tr><td>中国城乡关系的演变</td></tr>
<tr><td rowspan="2">日常生活</td><td>婚姻、家庭与家族</td><td rowspan="2">6</td></tr>
<tr><td>岁时节俗</td></tr>
</table>

续表

模块	具体内容		学时
		衣食住行与中国社会	6
		民间信仰与仪式生活	
	特色专题	区域社会史专题	6
		法律社会史专题	
		环境与灾害史专题	

在这样的整体课程架构下，各位授课教师分别开设不同序号的平行课程，每学期开设2~3门，每门平行课程在讲授的专题、区域、侧重的历史时段上都可以有所差异。比如在“城市与乡村”主题下，有的教师会主要讲授中国古代城市的发展和演变，有的教师则会侧重讲授近代中国城市与市民生活的变迁；在“日常生活”主题下，有的教师会选择讲授服饰、饮食、交通工具等物质生活层面的主题，有的教师则会选择介绍信仰、习俗、仪式等精神生活层面的主题。进入选课环节后，学生可以提前通过网上教学平台了解各门平行课程的提纲、内容和主讲教师的情况，再综合前两周的课程试听情况，最终选修不同序号的课程。

这样的课程设计，不仅可以在相对较短的学时内尽可能地容纳更丰富多元的教学内容，充分发挥各位主讲教师的研究专长，又能给兴趣不同的学生提供更多的选择。同时，平行课程虽然讲授的主题各有不同，但因为主讲教师对社会史理论和研究方法的理解基本是一致的，课程的整体架构也相同，在授课过程中，教师也特别注意将社会史的“总体史”研究特色有机地融合到教学内容中，即不管讲授什么专题，教师都会有意识地强调对相关历史现象和社会问题进行整体考察的必要性和分析方法。这样，多套平行课程看似教学内容各有不同，不像专业课程那样特别强调知识结构和理论体系的完整性，但课程的整体理念又是相对统一的，学生通过课程学习既可以了解丰富多彩的社会历史，又能透过不同的历史现象领略社会史的“总体史”研究理念和方法。

二、贴近生活的历史学与通识教育

关注普通人日常生活的历史，一直是社会史研究的重要特色。在“新史学”初兴之时，出于对传统精英政治史的反叛，社会史研究就曾呈现出重视民众生活史的学术倾向。在20世纪八九十年代的“社会史”概念之争中，曾先后出现专史说、通史说、视角或范式说等几种观点。其中，持专史说的学者就大多将“社会生活”作为社会史研究的主要对象，如冯尔康先生认为“中国社会史是研究历史上人们社会生活的运动体系”；[1]乔志强先生指出社会史的研究对象是“不属于人类生活历史中政治、经济、文化生活的社会生活”。[2]从百余年的研究实践来看，社会生活也的确是社会史研究的主要内容。21世纪以来，在中国社会史研究领域，特别是以南开大学“中国社会史研究中心”为代表的学术团队，倡导“社会生活史”向“日常生活史”的转向，强调“对个体生活的全面呈现”，即“不仅包括社会生活，也包括情爱、消闲、家庭生活等私人生活”，其研究路径是“通过对个人生活方方面面的呈现，来分析概括出一个时代和地域中人们生活的‘常识’，并从‘常识’来透视一个国家和地区时代风貌和特性”。[3]这体现了社会史研究始终强调的从“人”而非国家的角度、从日常生活的角度理解历史。

不仅在研究对象上，社会史的研究方法也提倡从人们熟悉的日常生活出发去感知和理解历史现象。如近二三十年来成果斐然的区域社会史和历史人类学研究，就始终强调田野调查的方法，要求研究者走向“历史现场”，将历史文献的解读落实到具体的情境之中，寻找人们在特定时空的历史活动。近年，赵世瑜先生将历史人类学的研究方法概括为“逆推顺述”法，即“将在自己的田野点观察到的、依然活着的结构要素，推到它们有材料可证的历史起点，然后再从这个起点，将这些结构要素一一向晚

---

〔1〕 冯尔康等编著：《中国社会史研究概述》，天津教育出版社1988年版，第2页。

〔2〕 乔志强主编：《中国近代社会史》，人民出版社1992年版，第2页。

〔3〕 余新忠、郝晓丽：《在具象而个性的日常生活中发现历史——清代日常生活史研究述评》，载《中国社会科学评价》2017年第2期，第87页。

近叙述，最后概括出该区域历史的结构过程”。[1]这些研究方法都在强调研究者要从现在可以观察到的生活场景和社会结构进入，探究和理解其背后的历史过程。

社会史在研究对象和方法上对于日常生活和现实社会的关切，使社会史非常适合作为历史通识课程在高校普遍开设，理由有以下三点：

首先，社会生活史的课程内容可以拓宽学生的知识结构。高校非历史专业本科生的历史知识大多来自中小学的历史课教育，以政治史、经济史和思想文化史为主，多数内容仍是精英人物的历史活动，知识体系相对单薄扁平。社会史研究涉及的百姓衣食住行、婚姻、家庭、娱乐、丧葬、信仰、习俗等日常生活的内容，可以极大地丰富教学内容，拓宽学生的历史知识结构，使学生能够更全面、立体地认识历史。

其次，贴近生活的社会史课程有利于激发学生的学习兴趣。高中阶段学生的历史学习主要是为了应对考试，丰富多彩、有血有肉的人类历史往往被简化成了一个个枯燥乏味的知识点，使得很多学生失去了历史学习的乐趣。而社会史课程因为聚焦具体的个人或人群的日常生活，又往往与现实的社会问题紧密相关，丰富有趣的课堂内容可以吸引更多非历史专业的学生。

最后，贴近生活的社会史课程与通识教育的理念和育人目标是一致的。按照学者的建议，通识教育的目标可以划分为知识、能力和情感三个领域，其核心内容是在专业教育或职业教育之外，让学生接受更为全面的常识教育，为学生了解历史、理解社会和世界提供广博的教育，能够运用所学的知识和思维技能分析社会问题，形成健全的人格，树立健康乐观的生活态度，更好地与自然、社会和他人和谐相处。[2]而社会史强调对“生活常识”的理解，强调对历史与现实社会的融通，应该说都是与通识教育的目标相通的。

---

〔1〕 赵世瑜：《结构过程·礼仪标识·逆推顺述——中国历史人类学研究的三个概念》，载《清华大学学报（哲学社会科学版）》2018年第1期，第8页。

〔2〕 冯惠敏、熊淦、徐仙：《大学生核心通识素养结构的理论建构》，载《中国高教研究》2016年第12期，第47页。

在社会史的教学实践中，走向田野、进行实地社会调查的实践教学环节，应该是最能体现社会史关注日常生活和现实社会这一研究特点的教学活动，目前各大高校在开展社会史专业教学时也普遍开展以田野调查为主要形式的实践教学。[1]但是，作为通识教育的社会史课程，显然很难在较短的学时内组织来自不同院系的学生进行田野实践教学活动。那么，应该如何在通识课程中开展“走向田野”的中国社会史教学？就目前本校《中国社会史》通识核心课程的教学实践来看，在通识课程的教学过程中，教师可以通过“研究者田野经验的可视化呈现”和“学生自身生活经验的多元化呈现”两种方式，进行“情境式”教学，弥补无法带领学生真正进入田野地点从事实地考察的缺憾（见表2）。

“研究者田野经验的可视化呈现”是指教师在课堂教学中通过展示本人或其他研究者在田野调查中拍摄的图片或影音资料、搜集的民间文献、撰写的田野考察报告，课堂外则通过举办专题展览、建设网络资源平台等形式，运用多种可视化的呈现方式引导学生沉浸在特定的“历史场景”中。教师再结合具体的区域个案研究，让学生理解如何在具体的时间和空间情境中解读历史文献，探究社会发展的历史过程。

“学生自身生活经验的多元化呈现”则是将呈现田野调查体验的主导权转交给学生，以课堂讨论、播放影音视频、课外的专题展览（既可以利用校园空间做实体展示，也可以利用网络平台进行线上专题展示）等形式，让学生围绕不同主题展示他们的个人经历、家庭或家族生活，讲述他们的社区、家乡、民族的生活场景和风俗习惯，并引导学生通过观察他们讲述的社会场景探究其背后的历史过程。

---

〔1〕 如山西大学国家级精品课程“区域社会史导论”独立设置有“走向田野与社会的实践性教学”的模块，中山大学编有田野实践教学的专用教材《历史学田野实践教学的理论、方法与案例》（广西师范大学出版社2017年版），厦门大学将学生的田野调查报告汇编成了《田野学步——厦门大学历史系本科田野调查报告集（2004—2010）》（厦门大学出版社2017年版），等等。

表 2 《中国社会史》课程“情境式”教学方式

研究者田野经验的可视化呈现	内容	田野考察图片/影音资料、民间文献、田野调查报告、区域研究个案
	形式	课堂展示、建设网络资源平台、专题展览
学生自身生活经验的多元化呈现	内容	个人、家庭/家族、社区/家乡/民族
	方法	分组讨论、课堂展示、播放影视资料、专题展览

当然，以上教学模式更多是囿于通识课程尚不具备开设历史学田野实践教学的现状而采取的折中方案，若想取得更理想的教学效果，还是应该在国家教育部门和高校的政策导向和资源支持下，在通识教育中逐步建立并完善切实可行的实践教学体系，使其成为社会史通识课程中一个更为制度化和持久有效的教学环节。

三、跨学科的研究路径与通识教育

打破学科间的壁垒，提倡借用多学科的理论和方法从事历史学研究，一直是社会史的标志性特征。当然，这不仅体现在社会史研究领域，在历史学的许多领域以及其他人文社会学科，多学科或跨学科的研究方法也已经被提倡了多年，可以说已成为学术界的共识。但不可否认的是，20 世纪初以“新史学”形象出现的社会史，是最早意识到多学科对话与交流对学术发展具有重要意义的研究领域之一。法国年鉴学派的历史学家雅克 · 勒高夫（Jacques Le Goff）曾这样概括“新史学”研究的特征：“新史学还主张把目光移向‘邻居’，希望使‘互不相识的兄弟’进行对话，这些兄弟正几乎处于同样的失望状态。”〔1〕这一时期倡导“新史学”的中国学者也接受了多学科研究的理念，如黄公觉就曾形象地将“新史学”形容为“与各种科学——特别是社会科学——结婚的产物”，“若是历史和社会科学一离婚，它就马上变成旧史学了。”〔2〕这种多学科、跨学科的研究理念也影响到历史教育领域，1920 年前后担任北京大学史学系主任的朱希祖对该系

〔1〕［法］J. 勒高夫等主编：《新史学》，姚蒙编译，上海译文出版社 1989 年版，第 15 页。
〔2〕黄公觉：《新史学概要说》，载《师大史学丛刊》1931 年第 1 期。

的课程设置进行了改革，把社会学、社会心理学、人类学、人种学、政治学、经济学等列为“史学的基本科学”，并开设相关课程作为必修科目。[1]这种教育理念和课程设计，即使到今天也依然值得借鉴和效仿。

社会史的多学科研究视野，是与社会史的“总体史”研究旨趣、研究领域与史料来源前所未有的拓展、以问题为导向的分析史学等特征紧密结合在一起的。跨学科的交流与对话也促使社会史研究不断拓展新的研究领域、激发新的学术增长点，如被学者冠以“历史人类学研究”之名或被称为“历史学的人类学转向”的研究取向，在很大程度上就是历史学与人类学对话的结果。

社会史对多学科或跨学科研究的强调，与通识教育的理念和人才培育目标无疑是不谋而合的。专业教育是一种基于特定学科的教育模式，突出知识体系的学科结构，依托某一学科或专业开展教育教学活动，无论是教师的学术背景，还是教学内容、使用的教材以及人才培养目标，都主要局限于某一学科、某一领域，这种教育一方面可以使学生对某一特定学科有更专门化和精细化的了解，但另一方面也极易导致学生知识结构与能力素质的单一化，不利于学生的全面发展。与专业教育不同，通识教育秉承全面教育的理念，其核心宗旨是通过让学生接触更为广泛的知识领域，促进学生综合素质的全面养成和心智人格的完善健全。因此，通识教育课程应尽可能涵盖人文、社会、自然科学等多学科的知识领域。但是，有些学者在考察了国内一些知名高校现行的通识选修课程体系后，指出目前多数高校提供的通识教育课程“依然是基于某个学科进行的学科教学，并不符合通识教育对教学内容的综合性要求”，“这样的通识教育实际上只不过是多门学科课程的组合，学科之间缺乏内在的联结和整合，学生所掌握的知识和思维仍然是被学科所割裂开的，难以达到通识教育全人教育的目标”。[2]换言之，中国高校目前的通识课程体系普遍采用的是依托不同学科的多门课程

---

〔1〕 晋阳学刊编辑部编：《中国现代社会科学家传略》（第五辑），山西人民出版社 1985 年版，第 55 页。

〔2〕 刘强：《中国高校通识教育价值理念与实践逻辑的有效建构》，载《当代教育论坛》2020 年第 1 期，第 109~110 页。

的拼盘形式，多数未能实现单门课程内部多学科要素的有机整合。而要打破各门通识课程内部的学科割裂现状，在开设通识课程时，课程内容所依托的研究实践本身就应充分体现多学科或跨学科对话的取向。笔者认为，社会史课程就符合这一要求。

那么，如何在通识课程教学中充分发挥社会史多学科交融的研究特色呢？结合本校《中国社会史》课程的教学实践，笔者提出以下几点想法：

首先，在课程设置环节可以有意识地选择更能凸显跨学科研究的专题，如婚姻、家庭、家族、族群、城乡关系、社会性别等社会学、人类学、法学研究向来关注的议题。对于这些问题，社会史学者进行了大量研究，成果极为丰硕，同时，研究者在探究这类问题时也大量运用其他学科的概念工具、理论和研究方法。教师在讲授这些专题时，可以结合学术研究动态，聚焦有争议的学术热点，向学生介绍不同学科学者的观点交锋，培养学生的多学科视野和学术敏感度。

其次，对于一些史学研究领域的老问题，特别是传统政治史研究的一些重要议题，教师在教学实践中应该着力凸显社会史研究范式下对这些老问题的多学科阐释。如本校开设的《中国社会史》通识课程，就有"科举制度与社会流动"专题，科举制度一向是中国政治史、思想文化史研究的重要问题，学生在中学阶段也系统学习过相关知识，但主要停留在了解制度层面的演变过程。因此，本门课程该专题的教学设计不仅会呈现科举制度在社会史层面更丰富多彩的内容，如科举制下的社会关系网络、地方精英与基层社会治理、识字率问题、科举废除后近代知识分子的转型等，还有意识地借用"社会流动"（social mobility）这一社会学概念分析科举制对中国传统社会阶层流动的影响，引导学生关注不同学科的东西方学者，如柯睿格（Edward Kracke）、潘光旦、费孝通、何炳棣、郝若贝（Robert M. Hartwell）、韩明士（Robert P. Hymes）、艾尔曼（Benjamin A. Elman）等人对这一问题不同的解释角度，激发学生在多学科的广阔视野下重新审视一些老问题。

再次，在教学实践中，教师应以"基于问题的学习"（Problem-Based Learning）模式为导向，引导来自不同专业的选课学生从各自学科背景出发，提出问题、思考问题并尝试做出解释。“新史学”的主导理念之一就是“以问题导向的分析史学，取代传统的事件叙述”，[1]社会史研究实践也是以“问题意识”作为其典型特征的，而这一研究特色要求教师在教学实践中调整传统的教学方式。“基于问题的学习”模式不同于传统的以教师课堂讲授为基本方法的教学，更强调确立学习者的主体地位，即在学习过程中加入问题情境，通过引入曲折化、趣味化的问题引导学习者更加主动地进行学习，将传统师生关系转化为“知识建构的共同体”。[2]将“基于问题的学习”模式引入社会史课程的教学过程，教师应充分激发学生的自主思考和分工协作的热情，引导他们在各自的专业知识体系内提出问题和探究解决问题的路径，再通过分组讨论的形式让学生体会多学科观点的碰撞和对话，拓展学生的学术视野和科研能力。

最后，作为历史通识课程，教师在教学活动中应注意体现多学科融合与历史学本位的和谐统一。在社会史研究中，打破学科壁垒与坚持历史学的学科本位是共存且应该并重的研究取向。如社会史借鉴了社会学和人类学的诸多理论和研究方法，但是社会学往往是一种共时性的研究，而历史学则主要是一种历时性的研究；人类学的田野调查方法是基于研究无文字社会发展起来的方法，而历史学研究则是基于解读历史文献材料形成的一整套方法。因此，在多学科的视野下研究历史还必须坚持历史主义的立场，“要时刻注意特定的时间、特定的空间和特定的研究对象，不能脱离特定的历史情境或氛围来研究具体的历史问题”。[3]这就要求教师在教学过程中既要引导学生基于不同学科的视野多角度地理解历史现象，同时还要立足历史通识教育人才培养的核心目标，训练学生运用和辨析多种类型的历史文献、在具体的历史情境中理解和分析问题的求真态度和思维习惯。

---

〔1〕［英］彼得·伯克：《法国史学革命：年鉴学派，1929—1989》，刘永华译，北京大学出版社2006年版，第2页。

〔2〕赵海涛、刘继和：《“基于问题的学习”与传统教学模式的比较研究》，载《外国教育研究》2007年第12期，第55页。

〔3〕赵世瑜：《打破学科畛域与历史学的学科本位》，载《史学月刊》1997年第6期，第6页。

四、简短的结语

自20世纪90年代开始，中国高校一直致力于推行通识教育改革，也取得了长足的进步。在实践通识教育的过程中，构建符合通识教育理念和人才培养目标的通识课程体系可以说是重中之重。作为人文基础学科的历史学，在通识教育中具有其他学科无法替代的重要作用，也因而成为通识课程体系中的重要组成部分。

笔者认为，社会史具有的“总体史”学术追求、研究领域的极大拓展、关注日常生活和社会现实的研究旨趣、多学科交流与对话的研究路径，都与通识教育的理念和人才培养目标极为契合。从这个层面来讲，社会史课程完全可以作为一门通识核心课程在中国高校普遍开设。笔者结合社会史研究的特点和中国政法大学通识主干课程《中国社会史》的课程设置与教学实践，对社会史作为通识课程的意义、目标、教学理念与教学活动的开展提出了一些不成熟的设想和建议。比如，在同一课程号下设置“理论共识+基本一致的课程架构+相对多元的专题内容”的平行课程组，以便在教学活动中呈现社会史研究内容的丰富多元和“总体史”特征；通过“研究者田野经验的可视化呈现”和“学生自身生活经验的多元化呈现”方式，进行社会史的“情境式”教学，引导学生从日常生活和社会现实出发探究历史；通过有意识地选择具有跨学科特色的教学专题、以“基于问题的学习”模式为导向开展教学活动，培养学生多学科的广阔视野和研究能力。这些设想和教学活动在以后的教学改革实践中还需要不断改进和完善，也期待学界同仁给予批评和建议。

疫情防控常态化与《中国近现代史纲要》课程混合式教学探索*

周增光**

2013年6月25日，习近平总书记在主持政治局集体学习时指出："历史是最好的教科书。学习党史、国史，是坚持和发展中国特色社会主义、把党和国家各项事业继续推向前的必修课。"〔1〕当前党中央已经对党史学习教育作出全面部署，2021年2月20日在党史学习教育动员大会上，习近平总书记指出，在全党开展党史学习教育，是党中央立足党的百年历史新起点、统筹中华民族伟大复兴战略全局和世界百年未有之大变局、为动员全党全国满怀信心投身全面建设社会主义现代化国家而作出的重大决策。全党同志要做到学史明理、学史增信、学史崇德、学史力行，学党史、悟思想、办实事、开新局，以昂扬姿态奋力开启全面建设社会主义现代化国家新征程，以优异成绩迎接建党一百周年。〔2〕作为高校本科生必修的思想政治理论课，《中国近现代史

---

* 基金项目：教育部人文社科研究项目"以微课程、翻转课堂构建的混合式教学在《中国近现代史纲要》课程中的应用"；北京高校中国特色社会主义理论研究协同创新中心（中国政法大学）研究课题。

** 周增光，中国政法大学马克思主义学院副教授，主要研究方向：中国近代政治史、政治文化史。

〔1〕《习近平主持中共中央政治局第七次集体学习》，载新华网：http://www.xinhuanet.com/politics/2013-06/26/c_116299439.htm，最后访问日期：2021年4月1日。

〔2〕《习近平：在党史学习教育动员大会上的讲话》，载共产党员网：http://www.12371.cn/2021/03/31/ARTI1617174802044757.shtml，最后访问日期：2021年4月1日。

纲要》课程（以下简称“纲要课”）在落实党史学习教育、培养学生的爱国主义情操和民族自豪感、历史使命感等方面有着天然的优势，是大学生教育教学的重要课程之一。

以往思政课教学变革侧重于形式变革，以更易提升学生的参与度、灵活多变的课程形式吸引学生参与，比如四角讨论、分组研讨、分组辩论等。在当前疫情防控常态化的大背景下，需要在尽可能减少师生、生生间的肢体接触的前提下提升课程教学的参与度。

一、重内容：加大专题化教学内容的纵深度

正如邓小平所言：“当我听到西方七国首脑会议决定要制裁中国，马上就联想到一九〇〇年八国联军侵略中国的历史……要懂得些中国历史，这是中国发展的一个精神动力。”〔1〕学习历史，尤其是中国近代史，与现实关系非常密切。纲要课旨在让学生认识中国近现代史，了解近现代史上中国人民的四个选择〔2〕。通过纲要课教师的教学，学生了解国史，进而了解国情，在学习的过程中明白当代大学生的历史使命与社会责任感。纲要课的开设目的与教学内容，要求教师在设计纲要课的课堂教学内容时，不应只是按照教材照本宣科，而必须结合当前研究前沿，把当下的各种观点合理地介绍给学生。在上纲要课之前，学生们在初中、高中已经通过中学历史课的学习，对中国近代史上的有关内容，尤其是重大历史事件的大致过程有所了解。所以在纲要课的讲授过程中，需要与中学教学做区分，使专题教学加大深度，避免重复教学。

据笔者在教学过程中做的小调查，发现当今大学生对中国近现代史上的重要事件、人物的关注是非常多元化的，不过在学生兴趣点的多元之中也存在着相对集中。“中国近现代史最受关注人物”票选人物分散，除了

---

〔1〕 中共中央文献编辑委员会编：《邓小平文选》（第三卷），人民出版社1993年版，第357~358页。

〔2〕 四个选择是指“历史和人民是怎样选择了马克思主义，选择了中国共产党，选择了社会主义道路，选择了改革开放。”参见本书编写组编：《中国近现代史纲要》（修订版），高等教育出版社2018年版，“导言”第2页。

政治人物之外，学者、女性也进入学生关注的视野，体现了学生们兴趣的分散性及多元化。在多元兴趣的同时，学生票选出来的“中国近现代史最重要人物”——孙中山和毛泽东，也是得票最多的两位最受关注人物。学生票选出来的“中国近现代史上最重要的历史事件”，集中于辛亥革命、五四新文化运动，票选的“中国近现代史最受关注历史事件”，相比票选“最重要的历史事件”，“最受关注历史事件”范围更广、得票更分散，分散中又有集中，五四新文化运动及辛亥革命，仍是得票数居于前列的事件，其他具体事件、时间分布均分散，类型则集中在政治史的事件中。学生们票选的最重要的、最受关注的历史事件，与纲要课讲授的要点基本上是重合的。而学生们所关注的重要人物，无一不是在近代中国历史上为了探寻中国的国家出路付出心血、做过贡献的人物，同时，他们关注点相对集中的历史人物，在不同历史观的描述下，在不同时段的历史研究中，存有一定的争议性。

大学课堂的讲台，应该促进大学生从被动学习转向主动学习，不宜是某一学派或某一专家的“一言堂”，也不宜再给学生灌输浅、窄、指向性、目的性强烈的知识点，而应该是“百家争鸣”，引导学生深入探索，培养学生的开阔视野。教师在准备课堂讲授内容时，要注意引入具有争鸣性的观点及学科前沿，同时也要注意对学生进行思政导向性引导。教师在纲要课的讲授时，应坚持唯物主义史观，辩证分析历史问题。既要依据史料就事论事，对历史人物报以理解之同情；同时又要注意作为后来人，应超越时代，指出历史人物的局限性。例如，教师在讲辛亥革命的失败时，可以向学生介绍在宋案发生后，国民党内部对如何应对此事并未达成一致，而是分为战、和两派，主和派主张按照法律途径解决，而主战派的主张就是学生们经过中学历史学习所熟知的发动二次革命。通过向学生展示教科书中未曾展示的历史细节，指出在当时的历史环境下，无论是旧式官僚出身的袁世凯、还是革命先行者孙中山都无意于坚持现代意义上的法治观念，要想真正实现民主、法治还有很长的路要走。

教师在设计专题教学内容时，应该考虑到大学生也有不同的层次，对不同年级的学生开设的课程必须有针对性，因材施教。大学新生正处在被动学习向主动学习的过渡阶段，如果教师的讲授枯燥无聊，他们在无考试压力的情况下，毫无主动学习的可能。针对学习纲要课学生的这些特性，教师要想实现纲要课的思政引领，则需要选择与之最为贴切的教学内容，以鲜活、雅俗共赏的讲授方式吸引学生。在具体课堂教学内容的讲授上，例如，在讲授近代以来不同阶级对国家出路的早期探索时，尽可能多地向学生讲述中学教学过程中未揭示的有趣案例。如，向学生介绍在洋务派追求“自强”“求富”过程中产生的唐胥铁路上的“马拉火车”现象，教师配合历史照片对奇闻逸事绘声绘色地描述，向学生展示在中国近代史上追求富强由来已久，而追求富强的过程却漫长而艰辛。在课堂讲授增加趣味性的同时，纲要课教师在给学生推荐参考书目时，还要针对大一新生的特性，注重入门性，不宜太高深。同时，为了区别中学教学的以知识传授为主的教学方式，针对大学生还需要加大对中国近现代史基本问题的探讨深度，针对专题教学内容，组织学生分组研讨热点难点问题，形成实践报告，课堂展示研讨。教师根据研讨问题的主题或类型组织探究式或者讨论式课堂，依据不同的课容量，组织数目不等的研讨小组，分别给各组一定量的时间，用他们自己选定的方式呈现课题研究结果。

纲要课的讲授，还可以利用地缘优势，融入首都红色资源优势，使专题教学更为立体化。对于知识的接受者来说“纸上得来终觉浅”，需要躬行以达到“知行合一”，这也正应《中共中央宣传部 教育部关于进一步加强和改进高等学校思想政治理论课的意见》（教社政〔2005〕5号）文件中强调的：“要加强实践教学。高等学校思想政治理论课所有课程都要加强实践环节。”北京市有着丰富的历史文化资源，中国近现代史上的重大历史事件遗迹遗存、各类博物馆、名人故居、大型展览资源丰富，仅“北京市爱国主义教育基地”即可实现多个场景与专题教学的结合。比如：国家博物馆的常设展览复兴之路与近代现中国的跌宕命运；中山公园、北京中山堂与孙中山和辛亥革命；北京新文化运动纪念馆、赵家楼旧址与五四新文化运动；李大钊烈士陵园、沙滩红楼与共产主义思潮传播；中国人民抗日战争纪念馆、卢沟桥及宛平城与抗日战争；天安门广场、毛主席纪念堂与新中国成立；中国人民革命军事博物馆特展抗美援朝与新中国国际地位的提高等。

在以往教学中可以将参观考察、现场体验与现场教学相结合；由教师组织带队，思政课教师培训现场教学讲解员，或由参观考察基地提供专家教学。参观体验完毕，学生需要完成1000字左右的观后感写作。由教师酌情评分，优秀作品结集出版或在网络教学平台上展示，在教学微信公众号上推送。在疫情防控常态化的形势下，组织参观北京市爱国主义教育基地中与纲要课专题教学相关的地方，诸如国家博物馆、抗日纪念馆、卢沟桥之类的地方不太现实，但是可以做一些与北京市爱国主义教育基地相关的微课作为课堂教学的延伸，与课堂讲授相互配合。参观体验可以改为线上参观展览与观影体悟。在课堂内结合教学进度，在教师指导下观看教师节选的大型线上展览、优秀影视作品、纪录片，自由发表观影体悟。符合VR教室承载课容量的课堂可申请使用VR教室，通过体验虚拟现实技术所带来的沉浸式教学，让学生在观影中体悟“回到历史现场”“亲历历史”的震撼。

纲要课的专题化教学可以借由多元混合式课堂，借助北京市丰富的历史文化资源及京津冀一体化发展下的区位优势，充分发挥在京高校的地理优势，让学生带着问题去调研、参观、访谈，去体验、思索和感悟，在触摸历史与感知现实的双重体验中，切实认识到青年人在实现中华民族伟大复兴中的责任与担当，让纲要课在培育青年“历史思维、辩证思维、系统思维、创新思维”的过程中发挥积极作用，使思政课教学实现“入耳、入脑、入心、入行”，达成认知、认同、践行三者统一。

在侧重内容的纲要课教学中，可以利用口述史，提升学生对专题教学内容的直观感。口述史制作，对学生直观感受小人物的历史、提升对课堂内容的熟悉与理解有很大帮助。教师可以根据专题教学内容，组织学生分组进行相关口述访谈，形成口述访谈报告，课堂展示研讨。笔者所在课题组在以往的教学过程中组织过学生围绕“历史记忆中的时事”“我的抗战记忆”“社会历史变迁”“家庭生活变迁”“思想观念变迁”“风俗文化变迁”等内容，通过口述历史的方式，体会新中国成立后在党的领导下我国社会主义现代化建设的历程，并进一步理解我们选择改革开放的历史必要性。

从笔者所在课题组的前期教学实践来看，总体上学生的口述对象涉及社会的多个行业、不同身份人员，口述内容包括对抗战的历史回顾、共和国初期的社会主义改造运动、大小三线建设、农业集体化的生产与生活、个人婚姻观念变迁、社会习俗的时代演进、时尚潮流的历史特征等，内容多样、形式活泼的口述历史，使书本历史知识走向生活现实，让学生对共和国的社会建设与变迁有了切实的体会，增强了对社会主义道路的认同，对改革开放的认同。

二、用翻转：翻转课堂以协同不同程度学生的参与度

在信息化时代背景下，依托网络教学平台构建翻转课堂在高校思政课教学中已经成为一种大势所趋。翻转课堂与传统课堂相互依存、相互配合，将是未来思政课教学发展的主流趋势。2012 年 3 月，教育部正式印发了《教育信息化十年发展规划（2011—2020 年）》，指出教育信息化发展要以教育理念创新为先导，以优质教育资源和信息化学习环境建设为基础，以学习方式和教育模式创新为核心。翻转课堂是现代信息技术发展条件下教学改革的一种创新模式，目前在学界已有相当数量的理论研究成果，尽管目前其教学实践还处在摸索实验阶段，但它顺应时代潮流，符合未来教育发展的方向。

笔者所在课题组利用学校现有的网络教学平台打造网络+课堂混合式教学，在充分吸收学生建议的基础上，通过移动端互动平台的搭建，构建师生、生生互动课堂，较之传统课堂优势非常明显。依托网络教学平台构筑的翻转课堂在以下几方面优化了传统课堂：

首先，利用网络平台辅助课堂教学可以更直接、安全、畅通地将教师的课程信息发布给学生。以往课程信息的发布、学生作业的收发反馈，或是课堂内教师的口传面命，或通过老师自建的公邮发布，或通过学校相关职能部门发布，在这个过程中向学生传送的信息会有遗漏的风险。而利用高校既有网络平台发布信息、收发作业、点评反馈，既提高了师生互动性，又能在网络平台的运用过程中，实现学校职能部门、信息技术部门与

教学人员的协同办公，确保教学信息无缺漏之虞。

其次，依托网络教学平台，可以创建班级教学群、创建讨论话题和主题论坛等，极大拓展了传统课堂上缺失的学生与学生间的互动。学生可以通过分组讨论论坛分享自己收集的资料、进行课下研讨，实现课堂上不能呈现的互动。教师则可以通过观察学生论坛的研讨，提出指导，保证思政课的导向性。同时依靠移动端的教学 APP、微信教学群、腾讯会议等网络教学方式，最大限度地实现教学中的师生与生生互动。

最后，在教学过程中，由教师通过网络教学平台搭建纲要课学生的“课外调研”环节的资源系统，引导学生通过平时作业进行实践。利用网络平台可以将学生的实践成果展示时间与教师的讲课进度结合，并提前公布，让学生有充分的准备时间，在课下调查研究、解决疑难问题，到课堂上呈现调研成果、内化知识。

同时，由教师通过网络平台或移动端 APP 进行问卷调查，完成学生反馈意见的实时调查，可以让教师在教学过程中充分吸收学生的反馈情况及建议，因时制宜地调整平台资源及师生、生生沟通机制。这将改变传统教学中期末学生评教反馈的迟滞，更便于及时弥补前期预设中未能预见的漏洞，确保教学的实效性。

通过课题组前期在纲要课的具体教学实践中对学生的调查数据及学生评教结果，可见依靠网络平台构筑思政课翻转课堂的教学实践，充分优化了传统课堂教学。通过本项目的具体开展，依据新学期的纲要课的教学及平台建设，以及随着平台建设而展开的系列调查，最终本课依托网络教学平台构建的课程建设，已形成具有一定普遍性、延续性、可推广的互动课堂模式。从笔者目前调查的学生在纲要课过程中使用网络教学平台的比例、频率及时间段，以及学生使用教学平台的原因和目的来看，多数学生（一共收到 288 份有效问卷，其中 66.78%的学生）使用了网络教学平台进行学习，在课堂外（以一周一次的频率为主）通过网络平台学习，并与教师、同学互动。从问卷调查的最终结果来看，使用网络平台学习的同学占据多数。从目前学生的评教结果和初步调查结果来看，依靠网课平台构建互动课堂具有相当程度的可行性，并已有一定成效。

三、控疫情：零接触式专题化教学互动方式探索

中国近现代史研究所通过问卷星向选课学生发起教学实效性问卷调查，调查结果显示，绝大部分学生认可我们的前期教学实践成就，有70.2%的学生认为目前纲要课教学的讲述体系已经涵盖了其最关心、最想了解的中国近现代史问题。同时，对目前依靠微课程、网络平台搭建的虚拟课堂+教授讲授、学生研讨展示相结合的传统课堂互动模式，已经获得超过三分之一（35.52%）学生的充分认同，认为不需要再提升纲要课的互动性。

当然，不能因此忽略还有近三分之二的学生对继续提升纲要课教学的互动性的呼声。具体分析学生的增强互动性方式选项，增加课堂教学中的互动环节之呼声占据首位，其次为利用微信教学群等移动端 APP 增加互动，最后为利用学校网络平台。由此可见，传统课堂上的互动性增加是提升纲要课互动性的关键。从对学生的调查发现，有相当数量的学生认为外部诱惑太大影响了其在课堂中的抬头率。而学生普遍难以抵抗的外部诱惑来源于智能手机。对于智能手机在课堂上的使用，虽然可以借助传统课堂的仪式感及教师的权威性限制其使用，但是防止外部诱惑之策，用堵不如用疏。

结合学生提出的利用移动端 APP 及增加网络平台互动的建议，可以利用移动端教学 APP，将外部诱惑改造为学习工具。将原有的利用网络平台互动，一周一次的网上答疑指导变为课堂上的实时提问解答、抢答。在课堂教学形式上，可以突破原有的依赖 PC 端的网络平台单一模式，引进移动端教学平台，让目前的依赖微课程及网络平台构筑的翻转课堂的形式更加丰满及多元化。

在疫情防控常态化的形势下，需要教师进一步探讨零接触式教学互动方式的可能性。传统课堂教学与网络教学结合的混合式教学形式可以持续使用。增加专题化教学深度的调查研究与主题研讨，在往常通常是组织学生分组研讨热点难点问题，形成实践报告、课堂展示研讨。在疫情防控常态化的大背景下，可以进一步压缩小组间的研讨、提问和答疑过程，其他

各组在该小组陈述后，分别向该组提问与研讨课题相关的问题，或就该小组的陈述进行交流。当然，教师在这个过程中需要引导小组间的互动，保证交流研讨不偏离主题。通过学生提问及教师点评，完成师生、生生之间的课堂互动，同时形成教师即时+线上反馈评价的良性循环，实现知识（技能）的建构和内化。整个过程能够非常有效地提升学生的课堂参与度。

在教学过程中，由教师通过网络平台搭建纲要课学生“课外调研”环节的资源系统，引导学生通过平时作业进行实践；依托毕博、学习通等网络教学平台，让学生在课外利用教师提供的数字材料+网络课程（微课程资源），自主学习课程并完成练习，并及时提供问题回馈。通过添加这一环节，使得学生在课堂外研讨解决疑难问题的同时，也能在线上与教师、同组成员进行互动研讨；结合教学进度，组织学生进行课堂讨论及展示，构建互动课堂。根据该小组研讨问题的完成情况进行点评，实现知识（技能）的建构和内化。在每学年教学任务完成后，陆续把优秀的学生研讨作品展示在线教学平台、课程微信公众号上。

四、重过程：加大专题化教学的过程考核比重

如何在教学中讲授历史和人民为什么选择了马克思主义、选择了中国共产党、选择了社会主义、选择了改革开放？如果仅仅依靠传统课堂教师的单向度讲授，学生被动接受。这四大选择背后的近现代国史、国情，在学生的脑海里就容易停留在抽象的概念上，止步于期末应付考试的临时记诵上，成了与学生毫无关系的知识点，考过即忘。这与思政课所追求的让思政课教学内容对学生既入耳，又入脑、入心是背道而驰的。

提升纲要课的思政教学吸引力，增强教学的内在吸引力是关键。在坚持思政课导向性的前提下，聚焦学生关注的问题，将课程内容以学生喜闻乐见的形式输出是提升教学实效性的关键。认知心理学的研究也显示，在教学中，知识如果只是单向度地依靠教师个人讲授的方式，通过视觉、听觉刺激使学生获得，对学生而言，仅能形成短时记忆，未能对信息进行深加工。而如果在教学中提高学生对学习材料的加工水平，其加工水平越高，其学习效果保持得越好。仅仅将教学内容进行形象与声音的加工，是

较低水平的加工。要想提升学生对课堂教学内容的加工水平，就得着力于探索如何设计课堂学习活动，让学生在学习中更多地参与进来，不仅仅是教师讲座式的讲授，学生耳听笔记式地学习。在这种情势下，专题化教学的过程考核尤为重要。就纲要课的教学而言，教师面对的基本上都是大一新生。大一新生大多数没有脱离高中学习模式。以笔者曾兼职班主任的一届大一新生班级为例，根据对大学新生一对一深度访谈的结果，全班33个学生，超过3/4的学生困惑于“我每天上的课与考试有什么关系呢”。由此可见，虽然已经成为大学生将近一个学期，但是这些新生却依然停留在高中“学习是为了考试”的被动学习模式。目前笔者所在课题组已在探索纲要课实际教学过程中突破传统课堂单向讲授、期末考试的单一形式，将学生的平时作业、课堂展示与教师的课堂讲授结合起来。然而，在以小组为单位的课堂展示中个体学生从“学”到“教”的角色转换次数不够，且在疫情防控常态化的形式下，依赖传统课堂的教学时间导致学生的展示互动、展示时间也相应受限。要保证思政课教学的实效性，需要进一步调整教学内容，让学生参与到教学过程中来，在学习中回归历史现场，改变过去简单重复记诵课本内容以应付期末考试的被动学习状态，在参与式的学习过程中更了解国史、了解国情，能够从历史经验中涵养历史思维。

综上所述，在疫情防控常态化的大背景下，通过结合专题化教学的内容与进度，我们将持续探索在翻转课堂与传统课堂相互依存、相互配合的条件下，构筑多元混合式翻转课堂下的多样化实践教学，利用信息化时代的零接触式沟通方式，让学生在学习过程中互动性更强、接受度更高、体验感更明确地了解国史、国情，了解为什么历史和人民选择了马克思主义、选择了中国共产党、选择了社会主义、选择了改革开放以及中国人民为什么选择了中国特色社会主义。

二语词汇有意学习与附带学习的作用与效果综述

张文红　王德萍*

一、引言

二语学习的重要方面之一是对二语词汇的学习。词汇与语言能力的诸多方面都有着密切的关系，如在考察阅读能力时，研究者们一致发现词汇是其最重要的预测因子（Nation & Coady, 1988）。[1]又如在二语写作中，研究表明词汇错误比语法错误更影响对文章的理解，而且母语者通常认为词汇错误严重于语法错误。同时词汇错误出现的频率也比语法错误高（Schmitt，2000）。[2] Carter（2001）由此评论词汇学习以及词汇教学对于整个英语语言学习理论和实践来说，其所处的位置都是非常重要的，甚至是处在中心的位置。[3]本文聚焦于二语词汇习得最重要同时也是颇具争议的两种途径——有意学习与附带学习，结合国内外针对二者的相关理论分析与实证研究，梳理了二语词汇的有意学习与附

* 张文红，中国政法大学外国语学院副教授。王德萍，山东大学（威海）翻译学院副教授。

〔1〕 Nation, I. S. P. & J. Coady, "Vocabulary and Reading", in R. Carter & M. McCarthy eds., *Vocabulary and Language Teaching*, New York, Longman, 1988, pp. 97-110.

〔2〕 Schmitt, N., *Vocabulary in Language Teaching*, Cambridge, Cambridge University Press, 2000.

〔3〕 Carter, R., "Vocabulary", in R. Carter & D. Nunan eds., *The Cambridge Guide to Teaching English to Speakers of Other Languages*, Cambridge, Cambridge University Press, 2001, pp. 42-47.

带学习的意义、作用及其效果，以期对二语词汇学习与教学带来某些启示。

二、词汇学习中的有意学习和附带学习

词汇是通过何种途径习得的？Ellis（1994）曾提出词汇习得的三种假设：一是隐性的词汇学习假设，即生词意义通过不断曝光于一系列被激活的语境中而被完全无意识地获得；二是附带的词汇学习假说，即在无意学习词汇的情况下习得新的词汇。比如我们在阅读中碰到一个生词，注意到它是生词，但是我们关注的是对整个段落的理解，而作为此过程的自然结果，形成了对该词的某种记忆；三是显性的词汇学习假设，即认为学习者从注意到生词，有选择地予以关注，到运用多种策略猜测其意义，继而在通过认知和元认知策略的运用来记忆和了解词汇知识等一系列活动中更好地习得词汇。[1]

第一种假设的基础主要源于 Krashen 提出的可理解性输入理论。他认为词汇和语言的其他方面一样，主要通过阅读或听力中的可理解性输入而习得(Krashen，1989)。[2]第二种假设与 Schmidt & Sternberg 等人的观点相关联。Schmidt（1990）指出，任何形式的学习都离不开某种程度的意识或注意，[3]而 Sternberg（1987）则认为绝大多数词汇都是通过在语境中猜测其义而习得的。[4]第三种假设主要与 Craik & Lockhart（1972）提出的“加工深度”理论有关。该理论认为词汇习得与初次被加工的深度密切相关。[5]

---

〔1〕 Ellis, N.,“Vocabulary Acquisition: The Implicit Ins and Outs of Explicit Cognitive Mediation”, in N. Ellis ed., *Implicit and Explicit Learning of Languages*, London, Academic Press, 1994, pp. 211-282.

〔2〕 Krashen, S.,“We Acquire Vocabulary and Spelling by Reading: Additional Evidence for the Input Hypothesis”, *The Modern Language Journal* 73, 1989, pp. 440-464.

〔3〕 Schmidt, R.,“The Role of Consciousness in Second Language Learning”, *Applied Linguistics* 11, 1990, pp. 17-46.

〔4〕 Sternberg, R. J.,“Most Vocabulary is Learned from Context”, in M. G. McKeown & M. E. Curtis eds., *The Nature of Vocabulary Acquisition*, Hillsdale, NJ, Lawrence Erlbaum, 1987, pp. 89-105.

〔5〕 Craik, F. I. M. & R. S. Lockhart,“Level of Processing: A Framework for Memory Research”, *Journal of Verbal Learning and Verbal Behavior* 11, 1972, pp. 671-84.

在此我们无意评论哪种假设更具合理性，但综合起来看，词汇习得的途径大致可分为隐性的（implicit）学习和显性的（explicit）学习两大类，由此关联到两个概念：有意学习和附带学习。

有意学习与显性学习、附带学习与隐性学习这两组概念由于关联密切而经常被人们不加区分地相提并论，但 Hulstijn（2003）认为还是应该区分这两组概念。据他的解释，附带学习暗含在隐性学习中，隐性学习比附带学习所指范围广；同样，显性学习也比有意学习涵盖范围广。[1]

有意学习和附带学习本是教育心理学的概念。早在 20 世纪 50 年代，McGeoch & Irion（1952，引自 Johnson & Thomson，1962）就把附带学习定义为：在没有特定的动机和正式讲授的情况下而显而易见产生的对某种活动或材料的学习。在此定义中，有意学习和附带学习的区分体现在有无特定动机（来自内部，即学习者）和正式讲授（来自外部，如教师）两个方面。[2]

Schmidt（1994）更加具体地给出附带学习的三种定义：一是学习产生在无意图去学的状态下；二是对某一事物的学习产生在学习者的主要目的是学习另一事物的状态下；三是学习者通过聚焦于某种事物的意义特征而学到其形式特征，如在交际活动中学到语法知识。[3]但在语言学习和教学领域，这两个概念应用最广的是在词汇学习与教学方面。具体到词汇学习与研究，为使这两个概念更具操作性，学者们又给出更加具体的解释。如词汇的有意学习通常与认知的角度相联系，指学习者为了学习和记忆相关的词汇信息而有意识地运用一些重复和记忆的手段，而附带学习则没有这层含义（Schmitt，1997）。[4]又如词汇附带学习即是在语境中学习词汇，

---

〔1〕 Hulstijn, J. H., "Incidental and Intentional Learning", in Doughty, C. J. & M. H. Long eds., *The Handbook of Second Language Acquisition*, Oxford, Blackwell, 2003, pp. 349-381.

〔2〕 Johnson, R. & C. Thomson., "Incidental And Intentional Learning Under Three Conditions of Motivation", *The American Journal of Psychology* 75, 1962, pp. 284-288.

〔3〕 Schmidt, R., "Deconstructing Consciousness in Search of Useful Definitions for Applied Linguistics", in J. Hulstijn & R. Schmidt eds., *Consciousness and Second Language Acquisition: Perspectives on Form-Focused Instruction*, 1994 *AILA Review*, Amsterdam: AILA, 1994, pp. 11-26.

〔4〕 Schmitt, N., "Vocabulary Learning Strategies", in N. Schmitt & M. McCarthy eds., *Vocabulary: Description, Acquisition, and Pedagogy*, Cambridge, Cambridge University Press, 1997, pp. 199-227.

是在学习者聚焦于材料信息的情况下，比如在泛读、会话、听故事、看电视等活动中学习词汇（Nation，2001）。[1]而 Hulstijn（2003）在考察了有关词汇有意学习和附带学习的实证研究后指出，在这些实验中，词汇的附带学习实际是指在学习者完成一项学习任务前，不被告知在完成任务后要进行与某些信息记忆相关的测试，也指无意识地获得某些词汇信息。而词汇的有意学习指在学习者完成一项任务前，被预先告知将测试某些相关信息。[2]本文旨在从较广的角度考察两种词汇学习方法的效果及其对于第二语言词汇教学的启示，因此在本文中作者大概地把词汇的有意学习定义为有意识地通过运用一些记忆手段或策略而对词汇的直接学习（如学习者有意识地背诵词汇表等活动），而把附带学习定义为在其他学习活动如阅读、听力中间接地习得词汇。

三、二语词汇有意学习的作用与效果

二语习得相关研究大都表明第二语言的习得不可能完全靠隐性和附带学习来完成，学习者的关注（attention）和意识（consciousness）在其中发挥积极作用（Mitchell & Myles，1998）。[3] Laufer（2005）认为对于第二语言的词汇习得来说，仅有可理解性输入是不够的，聚焦形式的词汇教学非常必要，这是因为学习者在关注语言所传达的整体信息或者在接触较长而又难以理解的材料时，往往会关注不到某些具体词汇的准确意义或是选择直接跳过生词，而通过语境猜测陌生词汇的意义常常是不可靠的，特别是在学习者对材料中所出现的词汇的识别率小于98%的情况下，很难准确猜测词义，而且仅仅依靠猜测来获取词汇意义，对于目标词的形式与意义的长期记忆也是不够的。[4]在词汇的有意学习条件下，学习者给予词汇的形

---

〔1〕 Nation, I. S. P., *Learning Vocabulary in Another Language*, Cambridge, Cambridge University Press, 2001.

〔2〕 Hulstijn, J. H., "Incidental and Intentional Learning", in Doughty, C. J. & M. H. Long eds., *The Handbook of Second Language Acquisition*, Oxford, Blackwell, 2003, pp. 349-381.

〔3〕 Mitchell, R. and F. Myles, *Second Language Learning Theories*, London, Arnold, 1998.

〔4〕 Laufer, B., "Focus on Form in Second Language Vocabulary Learning", *EUROSLA Yearbook* 5, 2005, pp. 223-250.

式与意义以充分的关注，因此容易取得显著的学习效果。有意的词汇学习可以促使学习者迅速扩大词汇量，并有助于词汇的长期记忆（Nation & Meara，2002）。[1]

有意学习条件下的词汇学习因融入了多种学习策略而能够显著提升学习效果。采用聚焦性的词汇重复与记忆策略的词汇有意学习，可以短时间内加快学习者学习词汇的进程（Hung，2015）。[2]对词汇学习策略的研究证实了某些策略的运用如列词汇表、备有词汇记录本等对词汇学习的有效性（如 Fan，2003；Elgort & Nation，2010）。[3]有意识地通过制作词汇卡片学习词汇，运用联想记忆法，分析词的组成，正确使用词典等都是十分有效的词汇学习和记忆策略（Schmitt，2000）。[4]这些策略值得学习者花大量的时间来学习和掌握。Yamamoto（2014）重点考察了列词汇表对二语词汇习得的作用，指出通过列词汇表来有意学习二语词汇不仅有助于扩展学习者的接受性词汇知识，而且有助于丰富学习者产出性词汇知识以及词汇深度知识的习得。为提升有意学习的效果，学习者的词汇学习策略及系统性地对词汇知识的监控与复习至关重要。[5]

需要指出的是，随着新技术在语言教学与学习领域的广泛应用，研究表明新技术手段的运用有助于提升二语词汇的学习与教学效果。Huang（2015）调查了数字教学卡片（digital flashcards）运用于高校英语课堂词汇教学的效果，结果显示，比起传统的有意学习手段，使用数字卡片开展

---

〔1〕 Nation, P. & P. Meara, "Vocabulary", in N. Schmitt ed., *An Introduction to Applied Linguistics*, London, Arnold, 2002, pp. 35-54.

〔2〕 Hung, H. H., "Intentional Vocabulary Learning Using Digital Flashcards", *English Language Teaching* 8, 2015, pp. 107-112.

〔3〕 Fan, M. Y., "Frequency of Use, Perceived Usefulness, and Actual Usefulness of Second Language Vocabulary Strategies: A Study of Hong Kong Learners", *The Modern Language Journal* 87, 2003, pp. 222-241; Elgort, I. & Nation, P., "Vocabulary Learning in a Second Language: Familiar Answers to New Questions", in P. Seedhouse, S. Walsh & C. Jenkseds., *Conceptualizing Learning in Applied Linguistics*, New York, Palgrave Macmillan, 2010, pp. 89-104.

〔4〕 Schmitt, N., *Vocabulary in Language Teaching*, Cambridge, Cambridge University Press, 2000.

〔5〕 Yamamoto, Yuka., "Multidimensional Vocabulary Acquisition Through Deliberate Vocabulary List Learning", *System* 42, 2014, pp. 232-243.

有意词汇学习效果更为显著。[1] Wu（2015）则考察了安装于智能手机上的中国大学英语六级词汇学习软件（smartphone app）对英语词汇学习的影响。对学生获取新的词汇知识的测试结果显示：运用词汇学习软件的实验组的学生成绩明显高于没有运用学习软件的控制组的学生。[2]

虽然学者普遍认为词汇的有意学习对于二语词汇习得来说必不可少，而且效果明显，但是我们也应看到词汇有意学习有其局限性：因为词汇知识具有多面性，因此很难在单词的有意学习中同时习得目标词汇多方面的知识；而通过接触曝光于各种不同语境中的目标词汇，可以附带习得目标词汇多方面的知识，如目标词的搭配、文体意义等，而且通过附带学习而习得的这些知识往往能够保持较长时间。不仅如此，随着学习者二语语言能力的提高，通过阅读等活动附带习得二语词汇会成为词汇习得的主要途径。Nation（2011）曾指出过分强调词汇有意学习的两个弊端：一是导致过多的词汇教学；二是导致过多的教师强制性地聚焦在词汇的活动与练习之中。由此他建议把用于词汇教学与词汇练习的部分时间用于广泛阅读、提升流利度训练及聚焦意义的输入与输出活动。[3]

四、二语词汇附带学习的作用与效果

从我们作为二语学习者的长期学习经历来看，我们所掌握的大部分二语词汇应该是在语境中、在参与其他学习活动的过程中附带习得而非通过专门的词汇学习来获得的。再者如 Nation & Meara（2002）所指出的，通过有意学习而获得的词汇知识还需要在意义聚焦的输入和输出及流利度的提升活动中不断得到加强和丰富。因为有意的词汇学习并不能提供所需的语法、搭配、联想意义及语用限制等方面的知识，只有在具体语境中碰到

---

〔1〕 Hung, H. H. , "Intentional Vocabulary Learning Using Digital Flashcards", *English Language Teaching* 8, 2015, pp. 107-112.

〔2〕 Wu, Q. , "Designing a Smartphone App to Teach English (L2) Vocabulary", *Computers & Education* 85, 2015, pp. 170-179.

〔3〕 Nation, I. S. P. , "Research into Practice: Vocabulary", *Language Teaching* 44, 2011, pp. 529-539.

某一词汇，可能才是获取这些相关知识的最佳途径。[1] Huckin & Coady (1999) 则认为在阅读活动中附带性地学习词汇在三个方面比显性的词汇学习更有优势：一是目标词汇出现在丰富的语境中，词汇的意义呈多样性；二是从教学法角度看，两种活动即阅读和词汇学习同时进行，效率高；三是更具个性化，学习者可以自我选择阅读材料。[2]

与词汇有意学习相比，词汇的附带学习似乎更引起研究者的注意。他们主要关注以下两个问题：一是学习者能否通过其他的学习活动而“附带”地习得词汇知识，词汇附带学习的效果如何；二是附带学习的效果可能受到哪些因素的影响，如何提高附带习得词汇的效果等。

学习者可以通过参与其他活动如阅读、听力、翻译、写作等而附带性地获得词汇知识，对于这一点，研究结果似乎是一致的。例如，Wode (1999) 考察了德国中学生在英语沉浸教学环境中，是否通过历史和地理课上教师以英语为媒介的讲解，在科目学习的同时附带地习得英语词汇。结果显示实验组（参加沉浸教学模式的学习者）的英语口头表达的词汇量远远超出控制组，由此表明在语境中词汇附带学习的有效性。[3]再如 Horst 等 (1998) 对二语学习者在小说阅读中附带习得词汇的情况作了调查。他让中低水平的二语学习者朗读和跟读一篇经过简写的 2 万多词的小说，学习者的注意力放在了故事情节上，阅读过程持续了 6 个课时。随后的词汇测试表明，学习者学到了大概 45 个目标词汇中的 20 个。作者由此得出结论：通过阅读经过简写的小说，学习者可以附带地获得一小部分但却是重要的词汇知识。[4]Liu (2015) 通过对相关实证研究的文献梳理得出二语学习者可以通过阅读、听力、口头表达、写作、双语翻译等途径附带

---

[1] Nation, P. & P. Meara, “Vocabulary”, in N. Schmitt ed., *An Introduction to Applied Linguistics*, London, Arnold, 2002, pp. 35-54.

[2] Huckin, T. & J. Coady, “Incidental Vocabulary Acquisition in a Second Language”, *Studies in Second Language Acquisition*21, 1999, pp. 181-193.

[3] Wode, H., “Lexical Processing Strategy Use And Vocabulary Learning Through Reading”, *Studies in Second Language Acquisition*21, 1999, pp. 225-241.

[4] Horst, M., T. Cobb and P. Meara, “Beyond *A Clockwork Orange*: Acquiring Second Language Vocabulary Through Reading”, *Reading in a Foreign Language* 11, 1998, pp. 207-223.

习得词汇。[1]同时有研究（如 Laufer & Hulstijn，2001；黄若妤，2008；Vidal，2011）表明与听力、口头表达活动相比，学习者在阅读、翻译、写作等活动中能够更好地附带习得二语词汇。[2]

虽然研究显示学习者在阅读中通过接受大量的可理解性输入，会附带性地获得词汇知识，但这种词汇习得的过程通常是比较慢的，同时词汇知识的附带习得还会受到其他一些因素的制约。如 Horst 等（1998）的研究表明，一定量的词汇知识的增加与目标词汇在文中出现的高频率及学习者自身的词汇量紧密相关。[3] Pulido（2003）对成人学习西班牙语（L2）词汇的调查发现阅读能力、对阅读主题的熟悉程度及学习者对文章内的词汇的掌握程度（passage sight vocabulary）都对附带性词汇习得有着重要影响。[4] Vidal（2003）则从二语学习者的听力理解活动中考察了附带词汇学习的效果。他让西班牙大学生观看与其专业相关的英语讲座的录像，并对他们看完讲座后获得的新的词汇知识进行考察。他发现听力理解活动能够使学习者附带习得词汇知识，而且学习者一个月之后仍能记住其中一小部分但却是重要的词汇。说明学习者对通过参与诸如听力理解等基于内容的活动而习得的词汇印象深刻，并由此形成长期记忆。但词汇的附带习得的具体效果和许多因素密切相关，如学习者的二语水平，对讲座内容的理解程度，目标词汇的类型，从词汇形式到意义的透明度，等等。比如他发现学习者最易记住的词汇类型部分是一些专业词汇，而这些词汇对理解讲座内容起

---

〔1〕 Liu, C. L., " A Review of Effect of Different Tasks on Incidental Vocabulary Acquisition", *Higher Education Studies* 5, 2015, pp. 56-63.

〔2〕 Laufer, B. & J. Hulstijn, " Incidental Vocabulary Acquisition in a Second Language: The Construct of Task-Induced Involvement", *Applied Linguistics* 22, 2001, pp. 1-26; 黄若妤:《语际翻译活动与 ESL 词汇习得的相关性实证研究》，载《西安外国语大学学报》2008 年第 3 期，第 49~53、94 页。Vidal K.,"Comparison of the Effects of Reading and Listening on Incidental Vocabulary Acquisition", *Language Learning* 61, 2011, pp. 219-258.

〔3〕 Horst, M., T. Cobb and P. Meara, "Beyond *A Clockwork Orange*: Acquiring Second Language Vocabulary Through Reading", *Reading in a Foreign Language* 11, 1998, pp. 207-223.

〔4〕 Pulido, D., "Modeling the Role of Second Language Proficiency and Topic Familiarity in Second Language Incidental Vocabulary Acquisition Through Reading", *Language Learning* 53, 2003, pp. 233-284.

着关键作用。[1]

Nation & Meara (2002) 认为要帮助学习者提高在阅读中附带习得词汇的效果，阅读材料应满足三个条件：一是生词在材料的所有词汇中所占比例不高于2%；二是每年有不低于100万词的输入量；三是通过增加同一词汇在文中出现的次数，或通过给出生词表、利用辞典等途径来给予词汇适当的关注。[2] 由此 Nation (2001) 建议学习者阅读分级阅读材料 (graded reading)，而非一味地追求原版材料。[3] Schmitt (2000) 则认为附带性词汇学习的关键是最大限度地接触语言。最佳途径无疑是在母语环境中学习，其次就是依赖大量阅读。[4]

Milton& Meara (1995) 对欧洲交换学生的词汇发展调查显示，这些学生在本国（非英语环境）平均半年习得275个英语词汇，而在英国大学学习的6个月中习得1325个英语词汇，词汇增长速度是在非英语环境中的5倍。可见，母语环境对学习者词汇知识的积累起着极大的促进作用。这应该归于母语环境中丰富而与语境紧密相连的语言输入。[5] 但是能够在二语的母语环境中学习的机会，并不是每个学习者都能得到的，因此对于大多数学习者来说，在一个外语环境中学习第二语言词汇，关键还是靠大量的阅读。比起其他的学习活动如听、说、写等，阅读更能使学习者有机会接触大量的目标词汇，同时有机会看到同一个词在不同语境中的运用，从而在广度和深度两个方面丰富词汇知识。

虽然在阅读活动中，学习者的注意力集中在对材料内容的理解上，但教师可以通过布置学习任务，促使学习者适当关注词汇，对词汇进行较深层次的加工，从而提高词汇附带学习的效果。根据 Craik & Lockhart

---

[1] Vidal, K., "Academic Listening: A Source of Vocabulary Acquisition", *Applied Linguistics* 24, 2003, pp. 56-89.

[2] Nation, P. and P. Meara, "Vocabulary", in N. Schmitt ed., *An Introduction to Applied Linguistics*, London, Arnold, 2002, pp. 35-54.

[3] Nation, I. S. P., *Learning Vocabulary in Another Language*, Cambridge, Cambridge University Press, 2001.

[4] Schmitt, N., *Vocabulary in Language Teaching*, Cambridge, Cambridge University Press, 2000.

[5] Milton, J. and P. Meara, "How Periods Abroad Affect Vocabulary Growth in a Foreign Language", *ITL: Review of Applied Linguistics* 107-108, 1995, pp. 17-34.

(1972) 的“加工深度假说”(Depth of Processing Hypothesis),新信息能否被长期储存在大脑中,并非取决于它在短期记忆中停留的时间,而是取决于其在初次被加工时的深度。[1] Laufer & Hulstiji (2001) 由此还进一步提出了更具操作性的“投入量假说”(the Involvement Load Hypothesis),认为学习任务中有三个因素关联到词汇的附带习得:一是要求学习者达到的学习目标;二是是否要求学习者寻求词汇的意义和形式;三是学习者获取的词汇信息是否体现于目标词汇的具体运用。第一个因素是动机方面的,后两个因素属于认知范畴。他们通过研究发现融入上述两至三个因素的学习任务,比只融入一个因素的任务更能促进学习者长久记忆目标词汇。[2] Teng (2019) 针对目标词汇出现的语境类型与曝光频率对词汇附带学习的影响做了调查。调查对象为中国某大学工科专业 180 名一年级学生。他们被随机安排在 2 种不同的语境类型(信息丰富与信息贫乏)与 3 种不同曝光频次(目标词汇分别出现在 1 个、5 个与 10 个语境中)交叉形成的 6 类不同的条件下,通过阅读含目标词汇的句子来理解目标词汇。两周后进行的学习者对目标词汇的接受性与产出性知识的测试表明,信息丰富的语境对目标词汇的意义理解有显著作用,而曝光频率则对掌握目标词汇的形式作用显著。作者由此提出为取得良好学习效果,学习者需要在信息丰富的语境下与目标词汇碰面 10 次以上。[3]

总之,词汇知识的附带习得要受到学习者本人的第二语言水平、所掌握的第二语言词汇量、对所接触的第二语言材料的熟悉程度、目标词汇在材料中的出现频率、学习活动中的“投入量”以及词汇加工深度等诸多因素的影响。因此,词汇知识的附带习得具有“偶然”的特点,其过程因受到诸多因素的影响,学习效果也是不稳定的。但是我们应该看到,就第二语言的课堂教学活动而言,学习者的词汇学习主要还是附带性的,尤其是

---

[1] Craik, F. I. M. and R. S. Lockhart, “Level of Processing: A Framework for Memory Research”, *Journal of Verbal Learning and Verbal Behavior* 11, 1972, pp. 671-84.

[2] Laufer, B. and J. Hulstijn, “ Incidental Vocabulary Acquisition in a Second Language: The Construct of Task-Induced Involvement”, *Applied Linguistics* 22, 2001, pp. 1-26.

[3] Feng, Teng. , “The Effects of Context and Word Exposure Frequency on Incidental Vocabulary Acquisition and Retention Through Reading”, *Language Learning Journal* 47. 2016, pp. 145-158.

在学习者掌握了使用频率最高的基本词汇之后，附带学习词汇的重要性更加凸显，因为巨大的词汇量不可能只依赖有意的直接的词汇学习，因此如何帮助学习者在阅读等活动中更好地习得词汇，就成为值得重点研究和思考的问题。

五、相关研究对第二语言词汇学习与词汇教学的启示

从以上对二语词汇有意学习与附带学习的作用与效果的讨论中，可以看出两种途径各有优势与不足，同时二者互为补充，相辅相成。只依赖其中任一途径往往都难以达到二语词汇的学习目标，由此学者主张为取得更为满意的二语词汇学习效果，应该把两种途径结合起来。Schmitt（2008）认为二语词汇学习应该包括显性的有意学习与以最大限度的词汇曝光为基础的附带学习两个方面，主张在不同的语言发展阶段，应该采取不同的词汇教学方法。[1]实证研究的结果也证实了两种途径结合对提高二语词汇学习效果的作用。如 Karami & Bowles（2019）比较了年龄在 12～17 岁的 78 个伊朗的二语学习者有意学习二语词汇（教师利用给出同义词反义词、翻译、下定义等技巧直接教授目标词汇），附带学习（教师提供含有目标词的有意义的语境如对话、阅读等）及结合两种方法学习二语词汇的效果。结果显示有意学习与附带学习相结合的词汇学习效果最好，其次为词汇的附带学习，再次为词汇的有意学习。[2]

Nation（2001）曾从语言课程设置的角度，谈及直接的词汇学习（有意学习）与间接的词汇学习（附带学习）与其他语言活动的关系。他认为语言课程应该包括四个层面：一是可理解性的意义聚焦的输入；二是形式聚焦的讲授；三是意义聚焦的输出；四是流利度的发展。这四个层面应该占据大体相当的时间，也就是说，直接地对语言形式的学习应该占据不少

---

〔1〕 Schmitt, N., "Instructed Second Language Vocabulary Learning", *Language Teaching Research* 12. 2008, pp. 329-363.

〔2〕 Karami, A. & F. A. Bowles, "Which Strategy Promotes Retention? Intentional Vocabulary Learning, Incidental Vocabulary Learning, Or A Mixture Of Both?", *Australian Journal of Teacher Education* 44, 2019, pp. 25-43.

于25%的学习时间。从词汇学习的角度看，意味着直接的词汇学习应该融入这25%的课程当中，另外75%的词汇发展应该融入其他三个层面的学习当中去，即大部分的词汇知识实际是在参与其他三个层面的学习活动中获得的。[1]笔者认为在讨论二语词汇的有意学习与附带学习各自所应占的比重时还应当考虑到学习者二语发展的不同阶段。随着学习者二语水平的提高，附带学习所占的比重应逐渐加大。此外，目标词汇的类别及特征也是考虑的因素之一。如某些低频词汇的学习，由于其自然曝光的概率有限，因而希望通过附带学习的途径习得就不大现实。而某些专业词汇的学习由于其意义与学科知识密切相关，或许更适合在关注学科内容的学习活动中附带习得二语词汇。

综上所述，二语词汇有意学习与附带学习的研究至少可以为二语词汇的学习与教学带来以下几点启示：

其一，有意的词汇学习应该贯穿于整个二语发展过程。传统的有意学习策略（如列词汇表、分析词的构成等）及新技术的运用（如制作数字卡片、利用词汇学习软件等）有助于提高词汇有意学习的效果。

其二，第二语言词汇可以通过参与其他学习活动如阅读、听力等而附带习得。词汇附带习得要求学习者具有一定的词汇量的基础。Huckin & Coady（1999）认为学习者至少要掌握高频的3000词族。[2]

其三，二语词汇附带习得的速度通常是比较慢的，词汇的附带习得需要学习者给予一定量的关注才能实现。二语词汇附带学习的效果受到多种学习者内部因素（如语言能力）与外部因素（如学习活动的形式与种类、目标词所出现的语境、出现频率等）的影响。

其四，二语词汇有意学习和附带学习的地位与作用在二语发展的不同阶段有所不同。随着学习者二语语言能力的提高，附带学习在二语词汇学习中的重要性更加凸显。

---

〔1〕 Nation, I. S. P., *Learning Vocabulary in Another Language*, Cambridge, Cambridge University Press, 2001.

〔2〕 Huckin et al., "Incidental Vocabulary Acquisition in a Second Language", *Studies in Second Language Acquisition* 21, 1999, pp. 181–193.

其五，二语词汇有意学习和附带学习是互补的，二者结合起来能有效地促进二语词汇的发展。

六、结语

虽然从严格的心理学角度来说，二语语言的有意学习和附带学习的区分既不现实，也无多大意义，但是从二语词汇学习和词汇教学方面来看，二者的区分还是有现实意义的。有意学习和附带学习在第二语言词汇发展中的地位和作用是互补的，彼此不可替代。研究表明两种方法结合能够有效促进二语词汇的发展。因此我们在从事具体的二语词汇教学时，要综合考虑两种词汇学习途径的优势和特点，指导学习者合理安排直接的和间接的词汇学习时间，既要让学习者了解和掌握有意学习和记忆目标词汇的基本技巧，也要鼓励学习者积极参与阅读、听力、翻译等学习活动，并通过合理的任务设计，引导学习者适度关注二语词汇，以此提高二语词汇附带学习的效果。

“主我”与“客我”：社会化进程中的角色认知

——以《放牛班的春天》为分析案例

商　磊　王迩谛*

社会化是社会学的重要概念，指个人对社会文化模式的学习和内化。作为个体，由一个生物人转为社会人，需要在社会互动的过程中认识与理解社会，学习社会规范，培养角色意识，建构自我。关于自我的建构，社会学家们有一系列互相照耀的洞见，如詹姆斯的“物质自我、精神自我与社会自我”；库利的“镜中我”；霍尼的“真实自我、现实自我与理想自我”；弗洛伊德的“本我、自我与超我”；而“主我”与“客我”是社会学家乔治·赫伯特·米德提出的重要观点，他吸纳了相关概念组合成一套自己的理论体系，将人类心智、社会自我、社会结构贯穿于社会互动之中。他的自我理论为社会化进程中的角色认知提供了一条很好的理解思路，“人们在运行着的社会过程中相互之间进行富有意义的（也就是象征性的）互动成为可能，最重要的是角色承担机制。当人们成为他们自身的对象，并开始学会以各种方式以自己为取向行动，他们也在学着通过其他人的构建行为来设定他们的角色”。[1]个体的社会化与人格养成并不是与生俱来的，

---

* 商磊，中国政法大学政治与公共管理学院教授。王迩谛，中国政法大学政治与公共管理学院行政管理专业2018级本科生。

〔1〕［美］兰德尔·柯林斯、迈克尔·马科夫斯基：《发现社会之旅——西方社会学思想述评》，李霞译，中华书局2006年版，第278~279页。

而是在角色扮演中习得与形成的一种能力。

这一角色扮演能力贯彻了社会化的全过程，在这个过程中，教育占有重要位置。教育学家约翰·亨利·纽曼对于教育的看法揭示了这一点，指出只有教育才能使人对自己的观念和判断有清醒的认识。[1]个体的社会化进程正是在教育影响下，使得个体的社会价值观、规范和行为等要素内化为人格的一部分，最终实现社会化。需要指出的是，由于个体在社会化进程中存在的差异，如性格偏好、家庭背景等因素导致个体适应社会的能力不同，甚至出现社会适应不良，以及心理与行为上的“越轨”现象。良好的教育则如“春风化雨”能够“细物润无声”般地化解人格成长过程的各种潜在冲突。

第30届法国凯撒奖获奖电影《放牛班的春天》就是这样一部讲述“坏小孩”们在马修老师的音乐教育下改变命运得以良好成长的故事，展现出了教育对人格成长的意义。从米德的角色扮演理论视角来看，孩子们在马修老师教育的感知下，具备了角色扮演的能力，形成独立的对于主我与客我的认识，从而实现社会化并在角色扮演中实现自身的成长与发展。本文以此影片为案例，基于米德的自我发展理论，分析在教育影响下个体角色扮演能力的养成、“主我”与“客我”的认知形成，以及人格成长与发展的社会化进程演变，以此展现教育的重要意义。

一、社会化基础：角色扮演能力的养成

“角色”原本指戏剧中扮演的角色，后被部分学者引入社会学。社会学的角色是指与个体的身份和社会地位等相一致的行为方式，以及一整套权力与行为规范。欧文·戈夫曼的戏剧理论（dramaturgical）把整个社会视为一个舞台，认为人们的行为就是社会表演。[2]每个社会成员都扮演了某种社会角色，在舞台上担任这种角色并依照其角色承载的规范与要求做

---

〔1〕［英］约翰·亨利·纽曼：《大学的理念》，郭英剑导读，中国人民大学出版社2012年版，第110页。

〔2〕［美］欧文·戈夫曼：《日常生活中的自我表演》，徐江敏译，李姚军校，云南人民出版社1988年版，第15页。

出行动。[1]而个体能够在社会的舞台上合理地进行角色扮演就是一种社会化的过程，这一过程的实现要求个体能够具备充当角色的能力，并按照这一角色的行为规范去活动。基于米德的理论，角色扮演能力被称为“心智”，是一种洞悉他人态度和行为意向的能力，具体包括三方面的内容：①理解常规姿态的能力；②运用这一姿态去扮演他人角色的能力；③想象演习各种行动方案的能力。[2]这三种能力难以靠个体本身实现，而是在社会互动中通过对其他人发出的姿态的理解与模仿，最终熟悉该姿态的含义并灵活地去扮演。这种能力的具备是个体心智成熟能够进行角色扮演的前提，也是实现社会化的第一步。而对于不具备完整独立人格的新生儿，他缺乏关于是非的正确评价，只能机械地对他人的姿态进行模仿。从这一点上，教育的作用至关重要，学生会将老师视为被扮演的对象而模仿老师的个人品德修养与行为规范，同时老师的教导方式也潜移默化地影响着学生对姿态的理解。《放牛班的春天》正是这样一部教师如何培养学生的社会认知，让学生在音乐教育下逐步习得与理解角色扮演能力的作品。

《放牛班的春天》中的“池塘之底”是一所封闭森严、纪律严格的再教育学校，里面的孩子们被视为叛逆和无可救药的坏孩子，往常的老师运用更为严苛的“行动—反应”原则对孩子们“不恰当”的行为进行制止，包括辱骂、禁闭、取消娱乐活动与学校公共服务等惩罚。为找出恶作剧的人，校长拉齐通过集体惩罚的威胁和相互揭发的方式，试图通过恐惧使孩子们自己“抓出真凶”。然而，在这种示范下，孩子们无法理解自己行为的不合理之处，而是继续坚持本身的失当行为并去模仿他人的暴力行为，比如原来的学监哈让由于没收了穆东的物品被他用刀划伤。当马修老师到来后，才带来了与之完全不同的教育方式。他以友好宽容理解的胸襟，给孩子们做出良好的示范，逐步化解孩子们心中的怀疑与抗拒，让他们意识到暴力与恶作剧是不恰当的行为。其中，最具代表性的是马修对乐格克伤

〔1〕 郑杭生主编：《社会学概论新修精编本》（第二版），中国人民大学出版社 2014 年版，第 121 页。

〔2〕 ［美］乔治·H. 米德：《心灵、自我与社会》，赵月瑟译，上海译文出版社 2018 年版，第 95 页。

害事件的处理。乐格克恶作剧重伤了校卫马桑大叔，在他不能理解自身错误的情况下，马修也并未将乐格克送至校长处接受惩罚，而是让乐格克在医务室工作并照顾马桑大叔直至其完全康复。乐格克在照顾马桑的过程中，感受到马桑对他们的温柔与爱，特别是马桑拍着他说“你并不像他们所说的那样无可救药，其实你的内心是个好孩子”。在做义工的过程中，乐格克逐步意识到自己的恶作剧是如何带给他人伤害与痛苦，尤其面对善良的马桑大叔以德报怨的友好态度，羞愧与内疚慢慢袭上他以往顽劣的心头，并在医护人员身份的扮演中明白如何去照顾和关心他人，逐步具备了辨别善与恶的观念，从之前的“总是调皮捣蛋”的角色中逐渐走出，而具备了成为一个懂事孩子的能力。当马桑大叔病危被送去医院时，乐格克表现出了对他的关心，这也表明他具备了感知关爱行为和模仿实施关爱行为的能力。

马修从孩子们对他辱骂的歌曲中发现了他们对音乐的喜爱与能力，特别是让郭邦再次哼唱这首骂人歌曲时，只是点评了一句“唱歌走音”。马修老师并没有因个人恩怨狭隘地打击报复，反而从中发现了孩子们潜藏的天赋，以此为灵感组建了合唱队，激励孩子们走上一条健康成长之路。米德认为，人要想扮演好自己的角色，就必须对自己所扮演的角色有一定的了解，即正确认识自己所扮演的角色和学习扮演角色的技能。正如米德所说，人类心智的独特之处在于他能用符号来表示环境中的客体。在马修的音乐教育中，孩子们不只能够对音乐有一个更深入的理解，在演唱音乐中认知音乐的内涵与个人能力，找到一条表达自身情感的渠道，更重要的是从中获知“位置”的义务与责任，从相互的配合中获知角色的含义，初步体会了登上社会舞台实现自我价值的愉悦感，从而培育孩子们学习怎样扮演一个称职角色的能力。

二、社会化进程：角色扮演中关于“主我”与“客我”的认知

角色认知是实现社会化的第一步，紧接着是对自身扮演角色能力的表现，这个过程，也是社会价值得以内化的过程。对于个人而言，社会角色的确认需要解决“我是谁”的问题，即个体的自我认知，由此确认自身的

地位、身份与社会关系，从而担任某种角色。米德认为"自我"可以分解成相互联系、相互作用的两个方面，即"主我"（I）和"客我"（Me），"主我"指意愿与行为的主体，并对他人的态度做出反应；"客我"是指他人的社会评价和社会期待。当一个人作为"主我"时，他会从自身角度出发，暴露人的生物本性，代表了人的冲动的倾向和自发的行为。[1]在缺乏正向引导的情况下，这个"主我"很难对自身行为做出合理判断，从而导致一系列违背他人意志的行为，如被视为"叛逆"或"捣蛋"的行为。因此，在角色扮演中对"主我"的认知水平展现着个人心智是否成熟。"客我"则规划行动并判断我们接着该如何选择、如何行为，是自我社会化的部分。就像米德所说，"客我"就是一个人自己假想的他人的一组态度。[2]"客我"是我们脑海中的社会部分，体现了我们的社会意识。在社会舞台上，人们并非随心所欲地扮演任何角色，而是需要一种允许扮演与能够扮演的"脚本"，这种"脚本"就是社会道德的规范与准则，以此为底线来维护舞台秩序的稳定。

这种道德内化需要对"客我"有正确认知，是按照有意义的他人和整个社会的价值观来设想和认识自我，反映了法律、道德及共同体的组织规范和期望。个体在角色扮演中的"主我"与"客我"的认知形成取决于一种"认同"和"肯定"，人们对其社会角色扮演是否认同和肯定，将影响着个人对扮演角色的理解，在认同下个体才能按照社会道德"脚本"的要求进行角色扮演。

教育就是一个实行"认同"的关键途径，在教育的正向激励下，学生得以通过对自我的认识，特别是平衡"主我"和"客我"的关系，从而了解社会规则，逐步习得社会规范，进而在舞台上能够遵循社会文化扮演特定的角色。值得警惕的是，在个体对"主我"与"客我"的认知过程中，如果缺少对其行为正向的认同，或者对其不符合社会规范的行为产生许可，则可能使该个体难以意识到自身行为的性质，进而导致违背社会规范

---

〔1〕［美］乔治·H. 米德：《心灵、自我与社会》，赵月瑟译，上海译文出版社 2018 年版，第 228 页。

〔2〕［美］乔恩·威特：《社会学的邀请》，林聚任等译，北京大学出版社 2008 年版，第 126 页。

的行为。皮格马利翁效应（Pygmalion Effect）指出，教师对学生心理潜移默化的影响能够使学生取得教师所期望的进步。[1]这也在一定程度上解释了良好的教育对孩子的重要价值，未能接受良好教育的孩子，往往被理解为“无可救药”的坏孩子，在未来更会做出反社会、反道德的行为，事实上，很大程度上源于他的“客我”没能及时建立，“心智”能力不足，因而无法顺利完成社会互动。

《放牛班的春天》中皮埃尔和蒙丹这两个孩子的不同经历就展现了在不同教育环境下，个体不同的发展走向导致不同的人生境遇。皮埃尔是一个有着“天使脸蛋”，但性格内向、爱偷窃、屡次逃学的问题少年。被公立学校开除后，母亲维奥利特·莫杭治对儿子的叛逆行为深感绝望而不得不将他送入“池塘之底”。拥有一颗仁爱之心的马修老师给他留下了最深刻的印象，当皮埃尔因为过错被关禁闭，而不能在规定的时间和母亲见面时，是马修老师替皮埃尔圆谎称其“到医院补牙”，让皮埃尔明白自己并非孤立无援，宽容和爱就陪伴在他的身边。马修老师不但给予了皮埃尔爱的包容，而且还发现了他拥有的音乐潜能，并不断通过激励与认可的方式，让皮埃尔发现自己非凡的音乐能力，认识自己的天赋，认识“主我”并不是被讨厌、被母亲嫌弃的对象，使他逐渐摒弃那些消极的自我意识，而得以重新认识自我。然而皮埃尔在逐步找到自信的同时，对自我的认知一度朝向自负发展，由于发现老师暗恋母亲，幼稚的他对马修老师心怀怨恨，对恩师做出了不应有的攻击行为，暴露了他原有的不健康的心理问题。马修老师通过取消他在音乐合唱比赛中领唱的“惩罚”方式，让皮埃尔以“客我”的视角重新认识自己，在合唱团公开表演时，又用鼓励的眼神恢复了皮埃尔的主唱权。主唱权失而复得的经历对于皮埃尔而言就是主我与客我平衡与成长的过程，他一步步认识到自身的自卑与自大的偏颇，最终形成自我认知，初步建立起了“自我同一性”，并拥有了一颗懂得谅解与感激的同理之心。社会学家特纳在总结米德的理论时说过，当一个有机体

〔1〕［美］罗森塔尔、雅各布森：《课堂中的皮格马利翁——教师期望与学生智力发展》（第三版），唐晓杰、崔允漷译，吴棠校，人民教育出版社2020年版，第109页。

懂得常规姿态的含义，通过这些姿态来领会和理解他人，并想象性地预演可选择的行为方案，那么，米德就相信这一有机体具有了"心智"。[1]这方面，蒙丹则是一个反例。他从圣菲亚少管所被送入"池塘之底"，被研究者视为具有"斯坦加杰"邪恶倾向，即破坏、暴戾和说谎的倾向，他抽烟、打架且语言粗鄙，被校长和其他老师视为无可救药的对象，校长对付他的手段更为残酷和暴力。而马修仍持宽容之心对待他，认为他是"有一副好嗓子的男中音"，但由于蒙丹曾经的生活经历与他人对其的辱骂和否定，使他认为自己的确无可救药、被人厌恶，并把他人的评价转化为对自己的"客我"评价，而马修对他的正向认可与鼓励也常常受到阻止，特别是校长面对学校的钱被盗窃时，认定是蒙丹的行为，并使用打骂的方式逼其"就范"，最终送他进监狱改造。当马修发现蒙丹不是盗窃者，并希望校长将蒙丹放出来时，只得到了一句"他迟早也要犯事和受到制裁"的回复。

这也让蒙丹更加坚定了自身是个坏孩子、被人讨厌与让人害怕的认知，从而围绕这种认知展开符合这一角色的行为，比如在影片的最后蒙丹将"池塘之底"烧毁。可以说在马修老师没有到来时，"池塘之底"的孩子们遭受着严厉的苛责，他们习以为常并视之理所当然，他们按照这种被认定的角色出演，只能对控制与惩罚进行各种暗暗的反抗，结果当然是恶性循环。雅斯贝尔斯说，"教育活动所关注的是，人的潜力如何最大限度地调动起来并加以实现，以及人的内部灵性与可能性如何充分生成。质言之，教育是人的灵魂的教育，而非理智知识和认识的堆集。"[2]马修老师的音乐教育告诉孩子们，他们不仅可以被谅解，而且能够成为值得被期待的角色，让孩子们在内心更新了原有的自我否定意识：他们首先在马修老师的宽容里，对"主我"拥有了一定程度的肯定，继而在马修老师持续的鼓励下，感受到来自"客我"的期许，成为能够遵循规范、扮演合格角色

---

〔1〕［美］Jonathan H. Turner：《社会学理论的结构（下）》，邱泽奇等译，华夏出版社 2001 年版，第 6 页。

〔2〕［德］雅斯贝尔斯：《什么是教育》，邹进译，生活·读书·新知三联书店 1991 年版，第 4~5 页。

的学生。而最值得说明的是，马修老师并不是通过片面的说教与规训来完成教育的，而是通过音乐合唱、音乐情趣启发孩子们的合作意识，解放孩子们被禁锢的心灵，引领他们尽情挖掘人类美好的天性，唤醒他们追求自我价值实现的创造性要求，进而通过音乐陶冶他们的人格与灵魂。

三、社会化的实现："一般化他人"

社会化的基本途径包括社会教化和个体内化，在教育的作用下能够清楚地了解自身在社会舞台上的位置，通过自我认知得以担任某种角色，将社会的规范转化为自身的行为准则，并以符合社会要求的剧本进行扮演，从而实现社会化。对于角色的扮演，通常经历三个阶段：对角色的期望、对角色的领悟和对角色的实践。在教育的影响下，学生对自身的角色存在期待，一般通过观察与模仿的方式，即期待成为如此的人，并暗自观察该角色的扮演技巧。同时在观察与模仿中会对自身形成认知，即分辨自己是谁和扮演的角色是什么，而在"主我"与"客我"的互动关系中，逐渐领悟到角色的内涵与要求，特别是角色所需要遵循的社会规范与社会价值，从而能够灵活地在社会舞台上扮演此种角色。角色的扮演离不开角色的建构，也就是根据自身的标准对其目的和行为进行评价，形成对角色的长远规划，在这个过程中教育往往起着引导与激励的作用，个体社会化的实现正是在教育作用下个人的人格成长与发展的结果。

米德指出自我的发展有不同的阶段，每一阶段不仅意味着某一个体从角色中对于自我的领悟，而且标志着一种更为稳定的自我概念的进一步明确化。米德把早期阶段称为嬉戏阶段，在这个阶段，婴儿接触的人数有限，无法建立起对他人的连续性的认识与想象。随着婴儿逐渐长大，他学会了多人协作完成的游戏，通过游戏中的角色扮演，或妈妈或爸爸或医生或火车司机，从中意识到个体的责任以及他人的期望。马修老师正是通过合唱队这一陶冶身心、升华灵魂的游戏教会了孩子们这一点。这种谁应该在什么位置，谁应该有什么规划，是我们头脑中另一种形式的社会。米德把这种规划称为"一般化他人"（genralized other），即我们共有的对他人所占位置以及基于这些位置所期望的行动的认识。[1]一般化他人是社会化成熟的阶段，因为正是通过它，我们知道了自己是谁。当我们知道了自己是谁后，才由对个体情绪化的局部认知转而走入社会这样一个大的组织结构中的角色认知。当一个人能体会并理解社会中“一般化他人”的角色或明确的“共有态度”时，就意味着自我的成长进入到了社会化进程中的角色认知阶段。在这一阶段，个体能够理解组织或社会中的文化、价值观和一般规范，能够理解自我从特定他人的期望，扩展为整个社会对合格社会成员的共同标准与期望。

角色可以分为先赋角色与自致角色或者自觉角色与不自觉角色，先赋角色是指建立在血缘、遗传等先天的或生理因素基础上的角色，包括种族、家庭出身等，而自致角色是个人活动和选择的结果。自觉角色指的是承担一定权利和义务，并用自己的行动去感染周围观众的角色。教育者是一种自觉角色，他承载着教育与影响他人的任务，而其对角色的践行情况影响着被教育者对角色本身的认知与实践。而对于学生而言，他们有着先赋角色，即家庭出身和背景等因素，这种差异性因很难被改变并会长远地影响个人发展，而社会化是通往自致角色最好的道路，即个体通过后天的学习与教育重新塑造角色，并学会扮演角色。社会化就是这样一个适应社会生活，促进人格成长与发展的过程，也是对于“主我”与“客我”塑造的过程。

可以说，马修老师的音乐教育改变了“池塘之底”中每一个孩子，让他们掌握了角色扮演中的能力，在认同中形成完整独立的自我认知，摆脱自我怀疑与消极的自我评价，更好地理解学生这一角色的含义，从而发现自身的价值，并最终实现个人发展，为“一般化他人”做好了前期准备。后来皮埃尔到里昂音乐学院进修并成为著名指挥家就是很好的例证。可以说，当马修让他们在纸上写下自己的名字、年龄和长大后想从事的职业时，就是给他们一种自我思考并塑造角色的机会，让他们能够不受原生家庭等先天条件的影响而去学习和扮演自己期待的那个角色。马修更是很好

---

〔1〕［美］乔恩·威特：《社会学的邀请》，林聚任等译，北京大学出版社2008年版，第126~127页。

地扮演了教师这一自觉角色，通过自己的爱、包容与温暖让孩子们重新认知自己和社会，以及自己与社会之间的关系。这种教育所促使发生的内在改变体现在孩子们对待同是“学监”的两人的不同态度上，上一位学监是心怀抵触、厌恶和孩子在他手上捅出的伤疤而遗憾逃离的；而当马修老师不得已离开时，孩子们却满怀不舍与爱，他们一边高唱着马修老师教给他们的歌，一边将写满字的纸飞机撒向天空，用他们特有的友爱方式送别老师，表达着他们内心对马修老师由衷的留恋与热爱，他们从“叛逆、无可救药的坏孩子”的角色中走出，成为懂得爱与责任的学生。

《放牛班的春天》中“池塘之底”的故事始于马修询问佩皮诺在等待什么，佩皮诺说“我正在等着星期六，我的父亲会来这里接我”，而影片的最后，马修最终带走了佩皮诺，那一天刚好是星期六，这是影片令人无限回味之处，正如教育学者朱永新在《教育是一首诗》中所写：“教育是一首诗，诗的名字叫热爱。”

法律作为文学的“外部研究”和“内部研究”视角*

李　烨**

一、引言

文学与法律的跨学科研究的热潮兴起于20世纪70年代美国法学界发起的“法律与文学”运动，至今已经走过了近半个世纪的历程。回顾文学与法律研究的学科发展史，来自法学或文学的不同领域的研究者对文学与法律研究有着各自的立足点和关注点，其在研究目的、研究方法和研究路径等方面呈现出显著的多层次、多视角、多维度的特点。文学与法律研究的基础理论尚未形成明确的流派划分，涉足该领域的法学研究者显著多于文学研究者。这虽然能够在一定程度上展现和预示该学科所蕴含的巨大研究空间，但这种看似“百家争鸣”“文法失衡”的研究现状不禁引发对于文学与法律研究的学科本质和学科内涵、文学与法律的学科地位、文学与法律的学科融合与冲突、文学与法律研究的重点和难点等一系列问题的批判和思考。针对文学与法律研究领域的现状和弊端，本文以文学理论家韦勒克（Wellek）的经典理论著作《文学理论》作为论述的起点，以文学文本为中心，把法

* 本文系2020年中国政法大学研究生教育教学改革项目“文学与法律的人学本质探究——‘立德树人’背景下《德语文学与法律》课程建设”（YJLX2021）的阶段性成果。

** 李烨，中国政法大学外国语学院德语专业讲师。

律视作文学的“外部研究”视角和“内部研究”视角，尝试把文学理论家韦勒克的《文学理论》与法学家波斯纳（Posner）的经典理论著作《法律与文学》进行理论上的勾连、贯通和对比，试图从中为文学与法律研究寻求理论和方法上的创新，从而为《德语文学与法律》课程提供有益的方法论指导。该研究从文学研究者的视角入手，探讨文学研究者如何介入文学与法律研究，文学与法律研究如何服务和补益文学研究，文学研究者如何消除文学与法律研究实践中遇到的法律专业知识壁垒，旨在改善文学与法律研究中文法失衡的现状，促进文学研究者在跨学科研究和学科本位主义之间寻找新的平衡点。

二、如何在学科融合中直面“冲突”

文学与法律之间的学科融合既是文学与法律研究的前提和基础，也是文学与法律研究的对象，更是文学与法律研究的目的之一。关于文学与法律这项跨学科研究的学科本质和内涵的探讨，经常会指向文学和法律作为两个独立的学科在其学科本质和内涵方面的共性、关联以及相互影响。但是，来自文学和法律这两个学科的研究者有着各自的认知兴趣和关注对象，文学与法律之间的关系迄今尚未有明确的、固定的定义，因此，对于文学与法律之间关系的思考呈现出了“马赛克式”的五彩斑斓的现状：其一，一个学科如何介入另一个学科，例如，文学中的法律，作为法律的文学，通过法律的文学，关于法律的文学；其二，通过多元化的认知理论介入文学与法律研究，例如从社会视角、文化视角、媒介视角等入手探讨文学与法律之间的关系；其三，以自成体系的文学文本为线索进行文学与法律研究，如侦探小说、女性主义文学、儿童文学等；其四，以文学文本的创作者为线索追踪文学与法律研究的发展历程，如诗人法学家和法学家诗人。文学与法律之间多向度的融合方式和可能性以及文学与法律研究取之不尽的文本研究资源充分说明了文学与法律研究这项跨学科研究的可行性和说服力。但是，单方面强调两个学科共性的同时也不能忽略文学与法律之间天然的学科异质性。波斯纳承认，“法律和文学有着重要的共同之处和交叉的地方，但是它们之间的区别也一样重要”〔1〕。只有在重视其共性研究的同时充分意识到学科异质性所带来的各种问题乃至冲突，才能够更为有效地克服和解决文学与法律这项跨学科研究面临的难点，寻找到新的研究突破口。

法律与文学也可叫作文学与法律，从其学科名称来看，文学与法律两个学科的地位和重要性看似等量齐观，但是，目前已有的研究实践表明，在这一跨学科领域，文学并不能够与法律平分秋色。引领文学与法律研究主流和走向的学者以法学研究者居多，文学研究者极少。研究主体中表现出的文法失衡现象能够在一定程度上折射出文学与法律之间的学科冲突，继而引发对于跨学科研究中如何平衡两个原有学科之间关系的思考。法律专业知识壁垒是阻碍文学学者深入文学与法律研究的一大屏障，与之相反，文学在通俗意义上的“低门槛”和“开放性”为法学学者进入到文学文本提供了便利条件。法学作为一种专门的职业教育，必须经过专业学习才能入门，文学研究者往往因为法律自身的职业性而产生的排他性很难进入角色，甚至在跨学科的研究中极易陷入丧失文学学科主体性和专业自信，盲目追捧法律知识的误区。文学具有主观性和开放性，阅读的权利属于每一个专业或非专业读者，解读文学的方式方法也具有开放包容的特点，法律学者结合自身的法律学术背景可以相对容易地介入文学与法律的跨学科研究。此外，文学与法律之间的不平衡还导致了研究策略中的文法失衡现象。文学经常为法律作注，文学为法学研究者拓宽法律研究的视野和边界提供了有利的文学文本支撑材料，但是法学研究者的研究中经常会出现法律中心主义，使得这种研究方式主要服务于法学研究，其对于文学学科的贡献非常有限。文学与法律研究中出现文法失衡现象的原因是多方面的，不仅与文学和法律的学科冲突有关，也与来自文学和法律两个学科的研究者在研究意图、方法和目标等方面难以达成共识有着直接的关系。

面对文学与法律研究中过于强调法学学科重要性、忽视文学研究的现

---

〔1〕［美］理查德·A. 波斯纳：《法律与文学》（增订版），李国庆译，中国政法大学出版社2002年版，第9页。

状，笔者认为，仅仅空泛地说明文学与法律之间的关系，在文本分析的实践中还远远不够。借鉴韦勒克的文学理论，能够为文学与法律研究带来重要的方法论意义上的启发。韦勒克把文学研究划分为文学的“外部研究”和文学的“内部研究”，这种划分方式的前提是以文学文本作为研究的中心和重点，充分体现了以文学为中心或者说立足和服务于文学研究的立场和态度。韦勒克的文学理论强调了以文学为中心的研究方式，能够有效地改善文学与法律研究中存在的文法不平衡的现状，能够促使文学研究者在跨学科研究和学科本位主义之间寻找新的平衡点。

三、法律作为文学的“外部研究”视角

在《文学理论》一书中，韦勒克从文学和传记、文学和心理学、文学和社会、文学和思想、文学和其他艺术这五个部分论述了文学的“外部研究”。在韦勒克的论述中，着眼于文学和社会之间关系的这一派学者尝试“从人类组织化的生活中——经济的、社会的和政治的条件中——探索文学创作的决定性因素”〔1〕，在这个意义上，法律作为人类组织化生活的一部分，从文学与法律之间的关系入手也可以看作文学“外部研究”的一个路径。但是韦勒克对文学的“外部研究”所持的态度是基于批判之上的谨慎和理性，他认为这些外在原因和外在条件对文学的生成产生了重要的影响，但并不一定是决定性的影响因素，更不是唯一的具有决定性的外在因素。他特别强调文学的“外部研究”极易陷入“决定论式的起因解释法”〔2〕的误区，即孤立地提出某一种外部因素是文学作品形成的唯一的决定性因素。相比之下，他认为“以全部的背景来解释艺术作品的方法”〔3〕，即综合各种外部因素探讨文学与其背景和渊源之间的关系，有助于理解文学作品，但是绝不是决定论意义上的。同样，如果把法律看作文学“外部

---

〔1〕［美］勒内·韦勒克、奥斯汀·沃伦：《文学理论》（修订版），刘象愚等译，江苏教育出版社 2005 年版，第 73~74 页。

〔2〕［美］勒内·韦勒克、奥斯汀·沃伦：《文学理论》（修订版），刘象愚等译，江苏教育出版社 2005 年版，第 74 页。

〔3〕［美］勒内·韦勒克、奥斯汀·沃伦：《文学理论》（修订版），刘象愚等译，江苏教育出版社 2005 年版，第 74 页。

研究”的一个维度或视角，既能确保文学与法律研究中以文学为中心的出发点和立足点，又能够避免陷入把法律作为文学唯一起因的决定论式的误区。因此，即便把文学与法律看作文学“外部研究”的一个路径，也不能片面地、孤立地突出法律背景，忽视影响文学的其他外在因素。

韦勒克认为，“文学无论如何都脱离不了下面三个方面的问题：作家的社会学、作品本身的社会内容以及文学对社会的影响等”〔1〕。同样，如果把法律看作社会组织生活的一部分，涉法文学作品同样也脱离不了以下几个方面的问题：作家与法律的关系，文学中的法律内容，包括文学对于法律制度、法律思想、法律史乃至法律思维和法律修辞等的反映，以及文学对法律的影响等。

提及作家与法律之间的关系，会使人立即联想到“诗人法学家”和“法学家诗人”这对概念。“诗人法学家”（Dichterjuristen）指的是以写作和创作为主业的作家，兼有法律教育背景或法律从业经验。“法学家诗人”（Juristen-dichter）指的是以法律相关工作为主业，文学创作作为兴趣爱好或副业。诗人法学家和法学家诗人都为文学与法律研究贡献了重要的涉法文学文本。因此，了解作家的法律观对于理解涉法文学作品也是大有裨益，尤其对于那些接受过法学教育、有过法律从业经验或者曾经密切关注过法律问题的作家而言，作家对法律的兴趣、认知、态度很有可能对其创作过程产生影响。这时，传记式的文学研究法作为文学“外部研究”的一个视角又能够发挥其作用，通过作家的日记、书信、回忆录、自传、杂文等都可以获得相对可靠的一手研究文献，从中捕捉作家对于法律的点滴认知。通过传记视角得出的作家的法律观与作品中体现的法律观之间未必完全一致，二者之间互补、互证乃至对立的关系中恰恰闪烁着思想的光芒。因此，作家的法律观是理解作品的法律观的有益补充和参考。但是，现有的文学与法律研究中往往会忽视一部分文学史上的重要作家，他们没有法律教育背景和法律从业经验，甚至他们自己在创作过程中也没有明确的法

〔1〕［美］勒内·韦勒克、奥斯汀·沃伦：《文学理论》（修订版），刘象愚等译，江苏教育出版社2005年版，第102页。

律创作动机，但是其作品确实在一定程度上以直接或间接的方式反映了时代的法律背景和法律思想，或者其作品中浸润了法律思维和法律修辞。也就是说，即便没有法律背景的作家，其作品也可能涉及法律。这也是波斯纳反复强调和极力论证的一点，“法律作为文学的主题无所不在”〔1〕。

面对文学作品中的法律内容，文学研究者在缺乏专业背景知识的情况下应该如何应对这种跨学科的挑战呢？文学研究者应该如何充分发挥和彰显文学研究特长，做出具有文学研究特色的跨学科研究？波斯纳认为，“法律除了是一组文本以外，也是一种社会控制的体系，而且法律的运作有社会科学阐明，并根据伦理标准进行判断；文学是一门艺术，对之进行解释和评价的最佳方法是美学的方法。”〔2〕在这种情况下，下文即将提到的把法律作为文学“内部研究”的这种视角对于文学研究者来说非常必要，有利于从隐喻、象征等角度阐释文学作品中的法律内容，但是如果研究仅仅停留在表现手法这一层面，这种研究又似乎过于浅薄，没有展现出作品的思想高度。对于大多数文学研究者而言，把自己武装成为一个法律专家似乎是一件非常不易甚至短期内无法实现的事情。了解一定的法理学知识是有益的，法理学也叫法哲学，与哲学紧密相关；了解法律史也是同样有益的，法律史与历史紧密相关。应该说，法理学与哲学，法律史与历史都具有亲缘关系，文学又与历史和哲学密不可分，因此，法理学和法律史——从其与文学的学缘关系上而言——是文学研究者相对容易进入的两个领域，了解与作品创作主旨相关的法理学和法律史背景，综合运用“外部研究”与“内部研究”的方法，才能做出具有文学研究特色的文学与法律研究，对于法学同仁来说也更具有借鉴和参考价值。至于文学作品中涉及具体的某个或一些法律条款，需要采用实证主义的方式到相关法律里进行考据。

法律史可以为文学作品作注，在法律史的帮助下可以更好地理解文学

〔1〕［美］理查德·A. 波斯纳：《法律与文学》（增订版），李国庆译，中国政法大学出版社2002年版，第4页。

〔2〕［美］理查德·A. 波斯纳：《法律与文学》（增订版），李国庆译，中国政法大学出版社2002年版，第9页。

作品，因为每一部涉法文学作品都无法脱离其所处时代的法律史背景，一部具有重要研究价值的涉法文学作品应当兼有文学价值和法律价值。文本分析在实践中容易形成这样一种印象，文学与法律史常常不谋而合，难道是作家在创作之前就已经阅读或了解了法律史，还是作家基于对社会的如“地震仪”般的敏感度，自觉或不自觉地发现了社会问题和法律弊端，抑或作家以其“预言者”的超前性提前感知到了未来的发展和趋势，基于上述多种可能性使得文学与法律史在有意无意中形成了一种互动关系。基于“文史互证”的逻辑，文学作品中反映的法律问题经常是法律史关注的问题，如法律热点、法律争议、法律变革，或者文学作品暗示了法律的发展趋势、立法的变革等，或对此提出了富有想象力的预言。

法理学作为法学学科的“一般理论、基础理论和方法论”〔1〕，有助于理解文学作品中的法律内容。文学来源于社会生活的方方面面，涉法文学作品中的故事情节有可能涉及宪法、民法、刑法、商法、经济法、诉讼法、国际法、行政法等多个部门法，也可能涉及法律从制定到实施的某一个环节。作为文学研究者而言，显然不可能对所有部门法以及法律运行的所有环节进行深入了解，即便法学学者也都是术业有专攻，有其熟悉和了解的领域，也有陌生的或从未涉足的领域。在这种情况下，法理学能够为分析文学中的法律现象提供一种通行的办法。“它好像一门中间学科，一端与哲学相连，另一端与具体法学部门接壤，是把部门法学与哲学连接起来的一座桥梁”〔2〕。鉴于法理学与哲学的紧密关系，法理学能够“概括出各个部门法及其运行的共同规律、共同特征、共同范畴”〔3〕，因此，法理学能够针对文学中涉及的具体法律问题进行具有一般性和根本性的思考。这种从法理学介入文学的研究方式，能够帮助研究者超越部门法的藩篱看到文学对于法律普遍共性的思考，能够透过文学中的法律现象看到文学对于法律本质的理解。另外，涉法文学作品着力表现的一些主题也经常是法理学中探讨的主题，如正义、罪、责、复仇、权利等。因此，了解与

〔1〕 张文显主编：《法理学》，法律出版社2007年版，第10页。
〔2〕 张文显主编：《法理学》，法律出版社2007年版，第5页。
〔3〕 张文显主编：《法理学》，法律出版社2007年版，第11页。

作品内容相关的法理学知识，能够扩展和深化研究者对文学中出现的一些特定主题的理解和认知。

文学对于法律的影响也是“外部研究”需要探讨的一个方面。文学的“移情”功能可以帮助法律人换位思考，感化心灵、拷问人性，对法律人有着道德教化和法律教育的功能，促进法律人进行更多的感性思考，在法律工作中展现更多的人文关怀。部分文学作品中解决法律纠纷的方式方法甚至为现实中处理法律问题提供了参考。

综上可见，把法律看作文学的“外部研究”视角，可以结合作家的法律背景、法律史、法理学等相关知识对文学作品进行法律视角下的“外部研究”。法理学虽然可以视作介入文学与法律研究的一个有效途径，但是如果不考虑法律史的因素，就容易忽视作品的时代特色和国别特色。如果忽视作家的法律背景、作家的法律观等，缺少对作者创作意图的了解，容易陷入自说自话、偏离创作意图的误区。

四、法律作为文学的“内部研究”视角

波斯纳提出，在文学里，即使作者是律师（像卡夫卡）或是法律“爱好者”（像梅尔维尔）时，法律也更经常是作为隐喻，法律本身并不是作者兴趣所在[1]。韦勒克把意向、隐喻、象征、神话都列入文学的“内部研究”，当法律在文学作品中作为隐喻出现时，法律也就可以看作文学的“内部研究”视角之一。那么，作为隐喻的法律在文学作品中如何得以体现？对于表达文学作品的主旨起到什么样的作用？作品中对于法律的描述，其立意是现实主义、浪漫主义、讽刺挖苦还是其他？

涉法文学作品中经常出现审判、法庭、律师、判决、合同、法律纠纷、刑具、行刑等法律元素或法律机构，即“可见的”法律描述，涉法文学作品中也经常会以其他看似与法律毫不相关的描写隐喻法律，即“不可见的”法律描述。无论作品中是否有直接的法律描写，最关键的是要判断

---

〔1〕［美］理查德·A. 波斯纳：《法律与文学》（增订版），李国庆译，中国政法大学出版社2002年版，第13页。

作品的创作主旨是否与法律相关，是否体现了文学与法律之间的一种沟通和对话。文学经常能够表达对于法律制度、法律思想、法律价值乃至法律思维和法律修辞等的批判和反思。文学作品对于法律的态度，可能与作家对法律的态度有关，但是更为重要的根源还在于文学学科和法学学科之间的区别与联系。文学与法律都体现着对社会、历史、文化等的关注，因此，文学与法律有着共同的关注对象，但是很可能对社会、历史文化等关注对象持有不同的立场。文学强调主观性，重视表达情感、想象、道德、伦理，法律强调理性思维，重视条文、规则、秩序。虽然文学与法律在其理想主义精神、社会批判精神等方面具有共通之处，但是文学作品中经常表现的却不是文学与法律和谐共处的一面，文学作品更乐于对法律制度、司法程序、法律思维等方面存在的弊端和陋习进行揭露和讽刺。在这个意义上来看，法律已然成为文学表现的内容和对象。在文学作品中可以看到，很多时候文学无法包容法律或无法与法律妥协，文学作品中经常把法律想象为僵化的、抽象的、无情的、条文主义的，乃至神秘的、至高无上的、不可侵犯的、独裁的，过度放大了法律作为规则和规范的权威性及其所起到的约束力。文学思维和法律思维之间的差异性从根本上决定了文学和法律看待事物的不同态度，进而决定了文学对法律的批判立场。

一方面，在文学作品中，法律可以作为一种文学表现手段，以象征、隐喻、意向等形式出现，其立意可能表达了对于法律的态度和立场，也可能超越了法律的一般形式，指向更为广阔的精神层面或社会其他领域。在这种情况下，文本中对于法律的描述是“可见的”，文学作品中存在对于法院、审判、律师、刑具、刑罚等法律要素或法律机构的直接描述，例如，卡夫卡的长篇小说《审判》和克莱斯特的戏剧《破瓮记》中都出现了法律审判，卡夫卡的短篇小说《在流放地》中的酷刑机器，或者文学作品中出现了对于正义、复仇、罪、责、权利等法理学主题的直接探讨。这些法律要素或法理学主题既是文学作品着力表现的内容，也是文学作品的表现手法，其立意可能表达了对于法律的态度和立场，也可能通过隐喻或象征等表现手法指涉了法律之外的其他主题。

另一方面，文学作品也可以隐喻和象征法律，或与法律形成类比。在这种情况下，文学作品中没有“可见的”法律描述，即文本中没有对法律的直接描写，却隐喻、象征，或类比了法律。波斯纳在《法律与文学》一书开篇就以 E. M. 福斯特的小说《霍华德别业》为例，他认为，这部小说没有提到任何与法律相关的内容，也算不上一部法律小说，却“把法律的思维方式同割裂心灵与大脑的做法联系了起来”〔1〕，“一个与审判或其他法律场景毫不搭边的小说情节却与法律修辞和法律推理遥相呼应”〔2〕。波斯纳把小说中人物的思维方式与法律思维方式进行了类比，使得一个看起来和法律毫不沾边的小说与法律遥相呼应。文学作品中对于法律的隐喻、象征以及类比并不鲜见，例如，卡特的短篇小说集《染血之室》中的女权主义行为被部分研究者解读成女性为男性立法。在笔者看来，挖掘这种看起来算不上法律小说的作品中的法律意向，其解读的主动权掌握在读者、文评家和研究者手中。文学的多义性和模糊性使得作品获得了解读的无限可能性，隐喻、象征、类比等表现手法的运用则丰富了作品的内涵和意蕴。对于没有“可见的”法律描述，却蕴含了对于法律的隐喻、象征和类比的作品，是否能够从法律视角入手进行解读，一方面要考虑作品的立意、作家的创作意图是否确实与法律相关，另一方面取决于读者对于法律的敏感度、读者对于法律的感受能力和理解能力，以及读者在法律方面的知识和经验积累，例如读者对于法律史、法理学、作家的法律背景等方面的了解，这又需要结合把法律看作“外部研究”的方法和视角。

可见，文学中经常会出现两种法律隐喻，一种是以具体的法律形式喻指法律之内或法律之外的内容，另一种以看似与法律无关的内容喻指法律。但是，无论是作为隐喻的法律，还是对于法律的隐喻和象征，对于文学研究者而言，法律视角下所进行的文本解读的意义和价值在于丰富了对于文本的解读方式，能够增进对于文学、法律、历史、现实、思想这几者之间关系的理解和思考。

---

〔1〕［美］理查德·A. 波斯纳：《法律与文学》（增订版），李国庆译，中国政法大学出版社 2002 年版，第 3 页。

〔2〕［美］理查德·A. 波斯纳：《法律与文学》（增订版），李国庆译，中国政法大学出版社 2002 年版，第 3 页。

五、小结

综上所述，在研究过程中，法律经常可以同时作为“外部研究”和“内部研究”的视角，这两个方面是密不可分、相得益彰的有机整体。片面地强调法律作为“外部研究”的视角，会忽视法律在文学中发挥的审美功能；同样，片面地强调法律作为“内部研究”的视角，又会在一定程度上忽视文学的法律价值。即便把法律看作文学的一种研究视角，也不能陷入把法律看作文学唯一研究视角的决定论式的误区，忽略构成文学和影响文学的其他内部和外部因素。对于文学研究者而言，只有以文学文本作为研究的基础和根本，将法律的“外部研究”与“内部研究”有机结合，对文本进行内部和外部的综合分析和循环往复的考量，使得法律的“外部研究”视角和“内部研究”视角形成合力，共同构成螺旋式上升的认知的圆环，才能够更好地实现文学与法律研究的目的和意义。

研究生教育被忽视的一环：阅读、写作、学术研究的方法与认识*

黄鑫政**

前 言

在研究生教育中，写作教育严重不足，如果又以产出要求相逼的话，学生极为困惑痛苦，因此需要分析、解说缘由及出路。“就主体的修养和见识而言，关键因素是世界观和方法论……人的行为、言论总是受着世界观、方法论的支配、制约。”〔1〕研究、写作需要方法，也同时受写作认识支配，而初学者的写作认识可能极为有限甚至是无知。因此，写作是必修课，另外它可以通过自学写作常识习得。当今的学术评价环境，发表论文是残酷、现实的需要，另外，对以学术为职业的人们来说，写作是必备、最重要的技能之一。然而，具备写作能力、研究能力却是本科、研究生、博士生教育中比较缺失的一环，不少写作能力的学习都是来自自身体会、积累、向老师学习等方式，而很少来自课堂。这是学术教育的缺失。虽说写作不是单纯的认知活动，而是一种技巧、能力，但能力、技巧一部分来自认知、常识，要有基本写作

* 本文为国家社会科学基金重点项目“提升司法公信力法治路径研究”（15AFX013）的阶段性成果。

** 黄鑫政，苏州大学王健法学院法学理论专业博士生，主要研究方向：法学理论。

〔1〕 任遂虎主编：《大学写作训练》（第二版），中国人民大学出版社2012年版，第4页。

常识，比如“立意集中、材料充实、结构完整、语言流畅、文面整洁”。[1]

“学术研究，即我们通常所说的治学，或曰做学问，也就是研究和创造知识。换句话说，是对新知识的探求……学习的最大特点是理解和接受；治学的最大特点是研究和创造。直接目的则是创造过去没有的知识。”[2]所谓做学问，终究对创造新知识更强调一些。“所谓学术是指专门的、系统的学问。学术论文的学术性是指问题的提出，特别是问题的解决是依赖专门的、系统的知识来实现的。”[3]专门意味着专业、特别，系统意味着全面。问题的提出与解决需要专门、系统的知识，这也是富有内涵的一句话，即选题、问题提出需要专门、系统全面的知识作为基础、标准，问题的解决也是，也就是说专门、系统的知识是学术、论文的基础，要尽可能地专业、全面。

“日本学者宫川松男曾说，目前欧美大学中，至少要专辟 20~30 个课时，讲授学术论文和调查报告的写作。现代的美国大学中，无论学习何种专业都必须通过‘应用写作’这门基础课，且规定了具体的写作要求和训练次数……日本的各种考试，作文是必考科目……”[4]尽管小学中学的作文课似乎也是在训练写作能力，但学术写作、学术研究又与文学类的创作大不相同，学术研究与写作需要有自己的一套方法、技巧。目前，阅读、写作课没有普遍成为学术研究生（包括博士生）的必修课，这是很反常且不应该的。学生除了从讲座、网络视频与文章、导师、任课老师、学界师友那里得到写作经验，以及自身实践等这些“非常规途径”，却无法从专门的课程上获取写作知识，这是研究生教育课程的不足，这也导致不少研究生不会写作、不懂学术、入门晚且难，这是当下需要改变的现状。可以说，高校中开设了论文写作课、学术研究方法课的专业，都是比较出色的专业。鉴于这种情况，笔者结合自身探索基本学术与写作方法的需要，作

---

[1] 任遂虎主编：《大学写作训练》（第二版），中国人民大学出版社 2012 年版，第 5 页。
[2] 陶富源：《学术论文写作通鉴》，安徽大学出版社 2005 年版，第 22 页
[3] 陶富源：《学术论文写作通鉴》，安徽大学出版社 2005 年版，第 126 页。
[4] 陶富源：《学术论文写作通鉴》，安徽大学出版社 2005 年版，第 16 页。

为总结与梳理，也作为记录与分享，为个人阅读与写作困惑和探索提供样本，以供批评与借鉴。另外，笔者深感心态尤其重要，也是笔者自身目前为止的软肋，期待通过此文的探索与写作，能够形成正确的写作观，并保持良好的学术研究心态，就像读书笔记加深印象等作用一样。

由于写作、论文与著作等多是学术研究最终的体现形式、目的，因此二者相提并论多有重合之感。“从写作的过程来说，写作不仅仅是人们通常所理解的‘动笔写文章’，而是积累、运思和动笔等阶段的有机统一。”〔1〕这里的积累是广义的，内涵是丰富的，包括文中作者说的“知识经验的积累、有关写作的其他方面修养的提高”，也包括书籍材料的购买、积累、知晓，甚至是认识的学人范围、级别的深度广度、师长朋友圈透露的信息带来的视野与知识积累，以及对学术生态、规律、投稿规律的经验与认识的增长等。“从写作基础的构筑来说，关键是治学有得、治学有成。因此，从事写作不是一个纯粹的技巧问题，而是点滴汇纳的飞泻，能量蓄积的升腾。所以，要学会写作，首先要懂得治学。”〔2〕许多名家大师，写作之前，就是做了大量的读书笔记、摘录，写了大量的心得体会。

一、为人品德、心境与心态是写作与研究的前提

为人、为学、学术、写作，需要养气，气是格调、是自信心的保存，是良好心境的保存，是平静内心与清净头脑的保持与供给，也是体力精力的保存与持续供给。刘勰在《文心雕龙》中专辟养气一章，如李道荣所解读的：“刘勰在《文心雕龙·养气》中所讲的养气，指写作主体体力精力的保养，表现在写作过程和文章本体上，则体现为主体写作时的一种健忘的精神状态以及由此体现出来的文章的气势。”〔3〕

“刘勰在《文心雕龙·神思》中认为，清醒的头脑和旺盛的精力是保证写作主体思路活跃通畅的基础，因此他主张虚静养气……虚静不是思想

〔1〕　陶富源：《学术论文写作通鉴》，安徽大学出版社 2005 年版，第 20 页。

〔2〕　陶富源：《学术论文写作通鉴》，安徽大学出版社 2005 年版，第 20 页

〔3〕　李道荣：《中国写作学发展概论》，文心出版社 2002 年版，第 141 页。

停止活动，而是要清除心里的成见，使精神纯净。”[1]为学，心静确实重要，甚至与品德一样：是第一位的。我们可以观察学者的一生，从中得到经验、启示。支阵峰教授在其博士论文中感慨：“学术与做人是如何的密不可分。”[2]的确，学术由点点滴滴组成，而做人也是由点点滴滴组成。做人的点点滴滴影响学术的每个细节。做人的格局、胸怀、脾气、毅力、名利观、勤奋品格等都对个人的学术发展及学术成果，以及后辈学子的发展等形成影响。

学术也关乎做人，当学生尤其需要敬师，我们能够看到，在学术界得到导师真正喜爱、疼爱的学子，最后都发展得比较可以，至少不会太差，这本应皆是如此，所谓得真传。导师的能量无疑是大于学生的，著名学者作为导师更是如此，得真传的学生，无疑会成长得更大、更快。“荀子所说的，学习的途径没有比诚心请教良师益友收效更快的了。”[3]尊敬师长，也本应是天伦。而爱护学生的师长，则同样更加获得学生的尊敬。二者相得益彰。师生的同心同理，更容易形成有力的学术门派、影响力，属于良性循环。但如果因为理念不同而有所不同，也属正常现象，但实在不是最佳的现象。

文科学术研究、发展不能着急。自然科学的研究成材、有成果可能更早，人文社科则相对较晚，一般博士毕业、30岁出头才会小有文章。“思想家，特别是哲学家往往成名比较晚，他们比科学家成名整体上要迟5年~10年……因为哲学具有高度的抽象性，哲学创新不仅要有广博的知识积累和丰富的人生阅历，而且要经过长期严格的哲学思维的训练才能成功。”[4]其实，法学、人文社科大多都符合陶先生的说法。这也就是我们很少听到20多岁的法学生有什么重大的成就，而20多岁的自然科学研究的学子可能取得较大的成果的原因。因此，青年时期是打基础的时期，学子们在未能够产出之前，阅读、学习是必经之路。学者尊贵与否、学术水

[1] 李道荣：《中国写作学发展概论》，文心出版社2002年版，第35页。
[2] 支振锋：《驯化法律——哈特的法律规则理论》，清华大学出版社2009年版，第311页。
[3] 陶富源：《学术论文写作通鉴》，安徽大学出版社2005年版，第22页。
[4] 陶富源：《学术论文写作通鉴》，安徽大学出版社2005年版，第25页。

平高低、位高权重与否、学问水平如何，都是以背后许许多多的努力作为基础。包括学问流传多久，都是有原因的，虽说一些学术生涯的决定（比如就业学校与城市等，一般认为北京是最好的学术之都，这点无法否认）会影响文献被引用数、职业发展、成就。“台上一分钟，台下十年功”“十年冷板凳”的说法都很有道理。“境界可以改变境遇”，“为私利做不得真学问，治学不能为着做官，不能为着出名，不能为着谋利”，[1]说实话，名利地位是凡人的追求，真正不去考虑名利地位是极难做到的，但这正是学者的境界、学问的境界。如果把学术当成饭碗的话（至少一段时间的饭碗或者大半辈子的饭碗），学术能力、学术技巧与学术功底就是一个人事业的基础。学术研究与谁对话？研究不应该局限于一隅，视野应该更加宽阔，可以有世界眼光，走出固有的知识圈。人类有规律，其他的国家可以作为一种参照。

学术态度也包括写作的态度与目的，梁治平教授高明很多，“立言不求传世，但求无愧己心，不负读者”[2]，这是眼高手低的反面：手低眼不低。讲究细节，却不奢求所谓扬名立万，是对功利的极大克制，结果反而是相反：梁治平先生的文章为人称道，反而传世。笔者恰恰相反：暂时未形成梁先生式的态度，因此缘木求鱼，没有好的产出。心态决定许多东西，不论是什么事业、行业。其实，学术还是得从根本的心态开始，心态对了，学问才更会有真正的开始。“做学问的人，懂得了自己所从事的科研工作的意义，心中燃烧着一团圣火，他就会无所畏惧，勇往直前。他就能坐冷板凳，耐得住寂寞，潜心钻研，不辞辛劳，并以治学为乐。”[3]

学术研究、学术职业之路，同样要洞察人性、学会与人相处、尊敬他人。“脚步要去走”，这是一句闽南语谚语。就是说，做人、做事要成功、顺利，要学会尊敬别人、给予别人应有的尊重，不然别人没有义务也不一定会有热情来帮你，因为生活中，人人可能工作繁忙、诸事缠身，不可能因为与自己不相关的利益、陌生者的突然出现而为你鞍前马后。“天下熙

---

[1] 陶富源：《学术论文写作通鉴》，安徽大学出版社 2005 年版，第 45~51 页。

[2] 梁治平：《观与思：我的学术旨趣与经历》，当代世界出版社 2020 年版，第 1 页。

[3] 陶富源：《学术论文写作通鉴》，安徽大学出版社 2005 年版，第 53 页。

熙，皆为利来；天下攘攘，皆为利往。”，这句话不是说人们都是自私自利的人，而是说这是人性的基本规律。生活在人类社会，就像要去遵守自然规律一样，也需要遵守社会规律，包括人的规律。做一个修改完善才发表、修改完善才投稿、修改完善就投稿的学术人。修改先靠自己，凡事多靠自己，而不是指望别人。

“绝不要在材料方面偷懒，否则在写作完成时给人以偷工减料的印象。”〔1〕的确，论文的严谨认真程度，是态度，也是努力程度、学术修养、境界、学术水平的体现。虽说一个人在学术界发展如何有诸多因素影响，但是努力与成果的质量成正比，只有严谨认真，才能够跻身学术界前列。另外，就作品的质量而言，越是严谨认真，传播力进而是影响力则会更大。人们排斥粗制滥造，喜好精致，敬重努力。发表概率、被阅读量、被引用数都与严谨程度息息相关。一旦有偷懒的地方，都能够阻碍读者继续读下去的兴趣，并降低文章的说服力、信服度。

“编辑是作者写作最好的老师……作者应该主动出击，联系编辑……如果是第一次投稿，最好文后附上‘作者简介’，以方便编辑了解情况，同时也是作者自我宣传、推销的需要。”〔2〕争取做到投出去的是内心确信的精品，能够一下子抓住编辑的眼球，匹配得了核心刊物。

二、阅读是学习、灵感与写作的基础

写作需要有创作冲动〔3〕。阅读也是为了触发感受、思考，以在不同意见的火花碰撞中促使做出更精细的思考。

福建师范大学文学院潘新和教授巧妙地解说道：“怎么读：阅读须阅人，解读须解写”。〔4〕“广义上，写作包括阅读。阅读是写作的完成阶段，也是学习写作、提高写作能力的一种重要的实践方式。”〔5〕学者、学人，

---

〔1〕 张清民：《学术研究方法与规范》，中华书局2013年版，第281页。

〔2〕 万明云、解鹏里、胡友良编著：《论文写作实用技法》，中国时代经济出版社2011年版，第89~90页。

〔3〕 李秀花：《陆机的文学创作与理论》，齐鲁书社2008年版，第117~118页。

〔4〕 潘新和：《语文：表现与存在（下卷）》，福建人民出版社2004年版，第1272页。

〔5〕 张杰编：《基础写作》，中央广播电视大学出版社2005年版，第5页。

就是保持学习、阅读的人。“对学术研究来说，学习是创新的基础。”〔1〕而学习的重要方式之一，就是阅读。《萨维尼法学方法论讲义与格林笔记》对阅读方法进行了介绍，这种阅读方法不局限于法学，而是所有的学术阅读的指导方法。在介绍批判地阅读的时候，他鼓励对作者写作目标的探究，以对其作品与其写作目标进行对比，以此作为批判的基础。“人们阅读的时候很少有意识地去探究书籍的写作目标，这个目标一般是通过阅读本身而被认知的。”〔2〕

读书、知识讲究历史脉络，最好的方式就是追本溯源、从“头”开始，这也是为了符合知识发生学的规律。“拉伦茨的《法学方法论》始于对萨维尼法学方法论的评介”，〔3〕正如黄家镇对拉伦茨的《法学方法论》相对于陈爱娥译本所添加的内容一样，研究法学方法论、读拉伦茨的《法学方法论》的书最好可以从萨维尼开始，也就是可以从记录萨维尼法学方法论思想的《萨维尼法学方法论讲义与格林笔记》一书开始，也许这是比较好的阅读顺序、阅读方法；否则，卡尔·拉伦茨的《法学方法论》一书可能太难读懂。萨维尼就对阅读的两个原则之一的“历史地阅读”进行非常中肯、犀利的阐释：“完全不进行阅读是有可能的，以此种方式甚至也可能产生优秀的研究成果，尽管在现实生活中几乎没有人曾经这么做过。然而，一旦我们阅读某些资料，就必须历史地阅读所有与之相关的东西——尽管不可能对任何东西都进行（真正的）阅读，但至少应该全面地了解它们。否则，阅读的效果必定很差。”〔4〕

尽可能阅读原著纸质版，因为翻译必然失真，且原著者的原意、遣词造句等只有在原文里才会有那种美感、精确。另外，阅读外文形成习惯、能力，基本能够在大陆学者中居中上层。当然，涉猎、精通国内古典著作

〔1〕 陶富源：《学术论文写作通鉴》，安徽大学出版社2005年版，第25页。

〔2〕 ［德］萨维尼：《萨维尼法学方法论讲义与格林笔记》（修订译本），杨代雄译，胡晓静校，法律出版社2014年版，第133页。

〔3〕 ［德］萨维尼：《萨维尼法学方法论讲义与格林笔记》（修订译本），杨代雄译，胡晓静校，法律出版社2014年版，译者序言。

〔4〕 ［德］萨维尼：《萨维尼法学方法论讲义与格林笔记》（修订译本），杨代雄译，胡晓静校，法律出版社2014年版，第36页。

一样是非常难得，包括过人的功底基础与能力。好书能够激发灵感。好书的“好”是指观点的好。一些写作书则能够传授写作经验方法，算是写作方法论。

对于阅读有利于写作、观点生成的原理，杜兴梅叙述得好：“有计划、有层次的阅读，既是对资料的熟悉和筛选，也是对资料的理解和把握。阅读资料的过程就是重新认识资料、形成自己学术观点的过程。只有通过仔细地阅读、深入地分析和比较，才能使自己的认识逐渐深化，从而有所发现，萌生新的见解。”〔1〕因此，没有资料以阅读、没有深入阅读，就会“陷入困境而无法继续撰写下去”〔2〕。阅读就是获取论点与论据的过程。经过广泛的阅读后，论点得以形成，再由阅读过程中获得的论据、分论点来论证总论点的成立，这也就是写作的过程。阅读过程的摘录、摘要、感悟体会等，也是论点、分论点、论据的形成与记录。

“阅读有数量才有质量，要在数量中求质量。”〔3〕阅读可能同样需要设置学习目标，一篇英文文章可能需要一两天的阅读。学术是慢工作，阅读慢、写慢、修改慢、被录用的过程久，学术也因此而可贵。另外，慢也是谨慎，也是对读者、科学、社会国家负责。阅读需要面对、处理博与精的关系，潘新和教授说得好：“博览是为了发现文本的精华，是为了寻找精读的切入点。”〔4〕有著名人士把阅读的范围分成三部分：“关于札记的职务的，参考用的，关于趣味或修养的。”〔5〕参考书，其实有点像所谓“二手文献”，比如读《论衡》，就最好读《王充传》《王充评传》，有助于更好地理解。

阅读与笔记的关系是特殊的。文章的厚度、气场，全部来自阅读量、知识储备，一般也可能体现于摘录、札记、草稿的字数，当然，包括修改

---

〔1〕 杜兴梅：《学术论文写作 ABC》（第二版），广东高等教育出版社 2010 年版，第 58 页。

〔2〕 杜兴梅：《学术论文写作 ABC》（第二版），广东高等教育出版社 2010 年版，第 62 页。

〔3〕 潘新和：《不写作，枉为人——潘新和语文学术随笔》，福建教育出版社 2014 年版，第 124 页。

〔4〕 潘新和：《不写作，枉为人——潘新和语文学术随笔》，福建教育出版社 2014 年版，第 124 页。

〔5〕 夏丏尊、叶圣陶：《文章讲话》，中华书局 2007 年版，第 142 页。

的遍数、努力程度。“真正的学者都懂得使用材料时‘取精用宏’的道理，使用一份材料，掌握的与之相关的材料可能会有十份乃至百份。”〔1〕这也是论文精华部分能成为精华的原因。一般而言，越高级刊物的文章，背后的阅读、笔记、思考、修改、构思的工作量、花费的精力时间越大。可以简单地说，论文没有能够发表，主要一个原因是背后的努力不够。札记是重要的。“札记之功，必不可少；如不札记，则无穷妙绪，皆如雨珠落大海矣。”〔2〕读书不等于做学问，做笔记札记则接近写作。札记可以包括知识点（摘录、自身的体会与评价等），假设各个知识点、论据是珠子的话，加上自身的语言，把各个珠子按照规矩、逻辑顺序串起来成为一个链，就是文章、做文章的方法。

阅读能够给我们带来各方面的滋养，包括知识、思维、性情、学养等，但如果从学术研究上来看，必须注意的是，阅读需要有目的性，以写作为本位而不是以阅读为本位具有其自身的意义和真理性，如潘新和教授所言：“阅读—生存本位下的阅读，与写作—存在本位下的阅读，效能是根本不同的。文本细读，而不明白为什么读，读得再细、再深、再妙，不指向人的言语表现与存在，也是低效、无效甚至是反效的阅读。在读、写关系中，阅读是过程、手段、准备，写作才是结果、目的、归宿。写作存在本位下的读写关系：为写而读、为写择读、以写促读、由读悟写、读以致写……不能最终外化为语言表现与存在的阅读，都是浪费生命。”〔3〕

三、材料的充足与购书的益处

（一）论材料

“书痴者文必工”，书籍可以说是较为重要、最普通的资料形式，书有诸多好处。“写作时常常遇到写不下去的感觉，这种情形的原因在于写作

〔1〕 张清民：《学术研究方法与规范》，中华书局2013年版，第281页。

〔2〕 （清）章学诚撰：《文史通义》，李春伶校点，辽宁教育出版社1998年版，第302页。转引自张清民：《学术研究方法与规范》，中华书局2013年版，第54页。

〔3〕 潘新和：《不写作，枉为人——潘新和语文学术随笔》，福建教育出版社2014年版，第7页。

者对自己所要研究的专业领域或专业对象熟悉程度不够，材料准备不足。”材料是问题论证的支撑。虽然“观点决定了材料”，即前定的观点决定研究者选择什么样的材料，可有时候是“材料决定了观点”。学术史常有这样的情况：因为一个新发现的材料，一些流传甚久的观点得重新改写。在特定时候，材料本身可以引发问题，甚至材料本身就成了问题……材料在变成问题后，复又引导研究者寻求新的材料，而新发现的材料在解决问题时还会引发新的问题。不断增加的新材料又会推进和改变原来的观点，研究者写到最后，观点已经与原来的设想大相径庭，则是观点出自材料。”〔1〕

“没有材料就谈不上研究。从认识论的角度说，科学研究就是在一般原理的指导下，对占有的材料进行加工制作，从这些材料中引出其固有的而不是臆造的规律性的认识。也就是说，要从这些材料中引出正确的结论。材料是研究的基础，是形成观点的基础。搜集材料是研究工作的首要环节……理论创造是把资料信息按新的形态组合产生新事物的过程，创造是通过对储存的资料做出选择和判别，产生新的有价值的东西。”〔2〕笔者深知没有材料书籍，写不下去，也深知有些观点的确来自阅读论文，要么继承、推广，要么受到启发产生有所改进甚至全新的观点。“搜集材料的过程，同时也是接受材料刺激的过程。所收集的材料越多、越丰富，越有利于事业和思路的开拓，越容易增强信心，产生创作激情和触发写作欲望。”〔3〕

材料、阅读作为学术的必要、重心，其实就包括注、疏的学问，也就是我们阅读经典、名人等的优秀的作品，是学习已有的人类文明、智慧，并在此基础上去谈论自己的理解。真理与知识需要学习、继承、传播弘扬，也需要创新。不是所有的书都会带来贡献，但多数好书都有增益，且我们需要学会基本的选择，假设我们买到的书70%都有增益，甚至每本都

〔1〕（清）章学诚撰：《文史通义》，李春伶校点，辽宁教育出版社1998年版，第280~281页。

〔2〕陶富源：《学术论文写作通鉴》，安徽大学出版社2005年版，第152~153页。

〔3〕陶富源：《学术论文写作通鉴》，安徽大学出版社2005年版，第153页。

有知识点，那么，我们的藏书量几乎就是知识的量，知识点多有利于成文，积累知识。所谓比较宪法研究，如果没有南非、加拿大等国家宪法文本、宪法专著原著的藏书（借阅能看得进去当然可以）阅读，怎么能够做出来或者写得有深度？说到这里，在某种程度上，学术也是贵族学问，就是说，有经济支撑、经济基础支撑越好的，学术更容易做、更容易做得好、更容易做出学问。

（二）论购书

买书是一种宣誓。书是缘分，一辈子与某一本书相遇、一辈子与某本书相遇、互动的时间是有限的。某种程度上，书本、资料的质量、数量决定了研究的情况、能不能写得下去、写多深刻。宏观地看，厉害的学者藏书多，藏书多的学人学问不会太差，书籍多少与学者水平有正比例关系。购书是极度重要的，这也是不同师门、学校、家境的人，学术研究的水平差异的重要原因。书需要近距离接触，书非买无法读，不动笔墨不读书。书如果不是自己的，不能划、标记等，就是无法笔墨、无法读书。且，真正不喜欢、不好、不合适的书可以售出，孔夫子旧书网还算方便卖出，有时候也会涨价。书多数是涨价的，除非那本书再版；老书可能没有优势，可能降价。且，清理不要的书能够带来书的循环，为购买新书提供一定的资金补充，算是活水循环。这也是为何我们下载许多电子书，但没有什么用的原因之一。当然，电子版不如纸质版还有几点。另外，好学者大多拥有较多藏书。书，是有些神奇的东西。

一本书带来的惊喜、益处可以说是许多的，但多数情况下可能是有限的，需要多本、很多本去叠加。一本本书累积起来带来的增益是一篇文章、一本书成文的原因。资料的质量，也是影响研究、阅读的，一般正版专著会有利于携带、归类，有利于随时发现、不遗失等，进而有利于研究、学术成长与提升。笔者想过考证实证主义，但打印的材料终究没有怎么看，反而正版的书，看的概率、比例会高于打印版，这也许是人性喜好精致，以及正版书籍的质量、阅读感受的不同所致。一位学者倘若拥有几十本甚至上百本实证主义英文著作，辅之以必要的中文著作、译作，相信能够写出文章，至少应当比没有书籍来得容易许多。这也许是中年学者比学生高产的一部分原因，即财力原因。学术是一场投资，为了做出东西，有时候，学子、学人只能尽力而为、尽可能地购买。购买也有所讲究，笔者目前在瑞购网购英文书最便宜。当然，笔者也会在京东、孔夫子旧书网等平台通过比对图书价格再选择购买。阅读写作、学术研究方法的书也是很重要的事情。南开大学法学院宋华琳教授也重视这点，中国政法大学雷磊教授曾在法大研究生课堂推荐《治史三问》等书。一些比较好的学问方法书的推荐：此文引用的书。

四、论写作与修改

写作之于学习、研究是至关重要的，写作不亚于阅读。读书笔记也是“写作”。李文在《光明日报》的文章颇为精到：“巴普连柯有一句名言：‘作家是用手思索的’……写作是思维的强化训练……经常写作，可以培养学者的问题意识，提高对社会现象和文献资料的敏感性，从而能够在别人熟视无睹的事物中发现奥妙。读而不写，只是学习过程和娱乐过程；只有开始动笔，才算进入研究状态。书到用时方恨少，一个学者，长期不在研究状态，读书再用功、再刻苦，也很难有真正的领悟和启迪，收事半功倍之效……写作能够把一个人的深厚的底蕴和丰富的学识都调动起来，遣上笔端、派上用途，并能够激发学者的想象力和创造力。”〔1〕

写作与修改，就是一个人修养的一部分，所谓文如其人。写作、修改还可以有更多的台下幕后事，给予我们充分的时间准备。是潦草了事，还是庄重认真，基本就是学术水平的体现。几乎每个优秀的作者对写作、修改都有很深的体会。“写作是个思想、感情、技艺等不断提高、深化的过程，随着认识的不断加深，情感的不断深化、技巧的渐臻圆熟，人们便会在时间的流动中不断地发现诗文的问题，于是，反复的修改锤炼也就显得必要……写作是项严肃的事业，不仅对自己负责，更应对读者负责，对社会负责，诗文一旦问世，将会对读者对社会产生影响。”〔2〕当然，后辈学

---

〔1〕 李文：《多写是个硬道理》，载《光明日报》2009年5月2日，第5版。

〔2〕 李道荣：《中国写作学发展概论》，文心出版社2002年版，第301~302页。

子等皆是读者，且更大概率是影响更深的读者，因此，导师的作品也会影响学生的写作、做学问方法。写作必须严谨，每一部分，尤其包括题目与摘要等。一旦出现不严谨，读者就可能中断阅读。写与思考是两件不同的事情，很微妙。梁治平先生对此有着较为详细的感受分享，写能够获得灵感、发现新的论证方式、思想变得更加清晰。[1]"一个人不可能在公开发表文字之前什么也不写，哪怕仅仅是为自己而写，否则就不可能有发表这回事……尽管直到研究生毕业以前，我几乎没有发表过自己的任何东西，但我一直在不停地写，不是为了发表，而是为了思考。对我来说，谈思想的发展，不可能离开写作。"[2]写作也有必要树立正确的价值观、较高的目标，如下文说的"秘境"。好的文本有精妙之处，王国维称精妙之处为"秘境"："夫境界之呈于吾心而见于外物者，皆须臾之物。惟诗人能以此须臾之物，镌诸不朽之文字，使读者自得之，遂觉诗人之言，字字为我心中所欲言，而又非我之所能自言，此大诗人之秘妙也。"[3]我们写文章，也应该达到这样的境界：让读者认同、感觉良好。赋予读者启发及想象空间、能"自得"。

学位论文写作，可以不把眼光局限于完成学位论文，也可以看看沿途的风景，主动去体会、总结、摸索学术研究方法，这是进行学位论文写作本就应该遵循的，同时这样也会更有趣、收获更大，尤其对于有心从事学术职业的同学而言。写作是一项技能，它包括了不可忽视的重要环节：写作心理，或者说写作的认识论。田富强教授的《学术灵感写作研究》一书可谓是非常特别、难能可贵的专著，书中有许多准确的表达与揭示，是每一部值得写作初学者、学者细读的作品。田教授说道："灵感本身是勤奋的产物"；"巨量阅读是构造灵感状态的关键环节"；"不具备深思习惯对灵感写作是一种障碍。"[4]深思，需要平静的心、良好的情绪、正常与充分的饮食以及良好的身体状态。深思习惯需要有意去养成。也就是说，要有

---

[1] 梁治平：《观与思：我的学术旨趣与经历》，当代世界出版社 2020 年版，第 33 页。
[2] 梁治平：《观与思：我的学术旨趣与经历》，当代世界出版社 2020 年版，第 32~33 页。
[3] 王国维：《人间词话》，魏冰译注，煤炭工业出版社 2019 年版，第 83 页。
[4] 田富强：《学术灵感写作研究》，中国社会科学出版社 2019 年版，第 382 页。

良好的写作状态、写作积累，需要有平静的心、好的情绪及身体状况等，做好这些，是好的写作、高产的一部分基础。田教授还谈到了虔敬心态："唯有虔敬的心态，才可获得真实教益与人格提升……虔敬心态易于进入灵感写作状态。"[1]田教授还提倡主动写作，认为这是很有修为的大家的习惯。

写作需要有论点。"好论点不是天上掉下来的，是读书、思考求知、悟道的自然结果。再聪明的人，不经过长期的读与思的积累、磨炼，缺乏对特定专业、领域、问题的关注，都不可能生产出高质量的论点，即所谓一分耕耘一分收获……人而无识，势必论点陈旧、偏颇。"[2]往往需要一段时间的集中关注，才能够在了解、阅读的基础上得到基本的认知，并得出好的论点。虽说论点也可能灵机一动由灵感而来，但有阅读、了解基础得来的论点更加可靠、有根基，也有充分的论据、论证基础准备。写作要有明确的目的、对象，带着这个目的，也就是论点从头到尾去行文。

写作与修改、投稿发表的技巧方法，也是学术活动过程中的重要环节，甚至是与阅读思考同等重要的环节。将写作视为一种职业、生活与习惯，是高产、多产、有产的良好基础。"养成天天写作与修改的习惯。坚持每天写一个小时，改一个小时。其余时间用于读与思，可以克服拖延症与完美主义，持之以恒，结果惊人。"[3]购买、阅读关于写作、修改、发表投稿类指导书也是非常重要的。"只写不改，前功尽弃……一个非常有效，又可以说是最好的修改方法就是'读'：默读和朗读。"[4]有时候，我们需要基本的规范、格式、格局，也就是写作与修改的自我标准的确定与设立。缺乏这样的基本写作心态、认识，会带来许多的不成熟写作以及投稿精力的浪费、无用功。磨刀不误砍柴工，对于初学者、未发表核心刊物文章的学生应该是如此，笔者是个例子。可能不少学生，将写的重要性

---

〔1〕 田富强：《学术灵感写作研究》，中国社会科学出版社 2019 年版，第 383 页。

〔2〕 潘新和：《不写作，枉为人——潘新和语文学术随笔》，福建教育出版社 2014 年版，第 80 页。

〔3〕 黄忠廉等：《人文社科论文修改发表例话》，科学出版社 2020 年版，第 6 页。

〔4〕 万明云、解鹏里、胡友良编著：《论文写作实用技法》，中国时代经济出版社 2011 年版，第 74 页。

看得比修改还要重要很多，其实，修改的重要性不亚于写、改也是写，这点是需要内化、真正吸收的。“修改就是论文写作中非常重要的细节，从某种意义上决定论文写作的成败。常言说：文章不厌改，苦心出佳作……文章是越改越好，好文章是‘改’出来的……有些作者比较浮躁，自己不认真，寄希望于别人（同事、朋友、编辑）把关。这种认识是非常幼稚、不正确的。”〔1〕坦然地说，笔者有这个幼稚不成熟的认识，因此发文不多且没有核心刊物级别的文章发表，虽然有幸收到过两位编辑老师的督促、批评建议，但为了真正的成熟，还是应该靠自己修改初稿，再给老师、朋友看。法学论文写作与发表一书，也有说到这个与导师交流的基本礼仪。学术作为一门工作、一份事业，正如各种行业经营与学习一样，态度尤其关键，修改就是学术态度的重要组成部分。态度不端正、不成熟，事业可想而知不会成熟，甚至无法入门。“修改是提高写作能力的重要途径。古人说：‘善作不如善改’。从某种意义上说，会不会写文章，可以用会不会修改来衡量……‘写得好的本领，就是删掉写的不好的地方的本领’……修改是培养严谨的治学态度和良好学风的需要……文如其人，论文反映了作者的文风、人品和作风。”〔2〕

福楼拜在指导作家莫泊桑时说：“写作无需灵感，需要的是耐心，持之以恒的毅力以及反复推敲打磨字句。”〔3〕在强调修改的重要性与意义的时候，任遂虎教授指出：“文字频改，工夫自出。”〔4〕论文能够修改到什么水平，说明作者就是什么水平。“修改是一种能力，也是一种态度、精神，也可以说是一种言语生命境界。一个人文章写成后是一交了事还是反复打磨修改，体现的是两种截然不同的写作心态。”〔5〕“精炼是修改的一个基本

〔1〕 万明云、解鹏里、胡友良编著：《论文写作实用技法》，中国时代经济出版社2011年版，第75页。

〔2〕 万明云、解鹏里、胡友良编著：《论文写作实用技法》，中国时代经济出版社2011年版，第75~76页。

〔3〕 《五步养成良好学术写作习惯》，载“学术出版社”微信公众号，2020年9月4日。

〔4〕 任遂虎主编：《大学写作训练》（第二版），中国人民大学出版社2012年版，第322页。

〔5〕 潘新和：《语文：表现与存在（下卷）》，福建人民出版社2004年版，第1514页。

原则，而删削又是求精炼的一种普遍施用的手段。”[1]任遂虎教授指出："许多有成就的文章家，总是以强烈的社会责任感对待写作，反复斟酌，反复修改。修改能使文章思路进一步序化，也能使文章找到最佳的表现形式。修改中总是有增有删，增意味着‘应该怎么写’，删意味着‘不应该这么写’。可见，修改是一种多方位的写作训练方式。不重视修改，不认真修改，写作能力很难得到提高。”[2]

潘新和教授还分享更高一层的感悟与境界："写作的修改，表面上好像是为了写好一篇文章，其实，更重要的是体现了一种言语追求。一个能不断地修改自己文章的人，一定是一个负责任的人，一个在文字上有理想的人。修改行为的本身，比写出一篇好文章更有意义。”[3]可见，潘教授已经达到很高的、不俗气功利的境界，在这种心境、心态下的写作与修改，往往能够达到更好的效果。

修改，一天改一个小段落，是好的方式，子系统思维，化整为零，写作过程的每个环节也确实是来自点滴。有了多次修改的“预算”、预想，初稿的写作就会更加有目的性、规范、有意识。“修改是指从文章的初稿到定稿的一个加工过程……修改能力是学术论文写作者的又一必备能力。”[4]老实说，笔者目前的几篇文章都是初稿，甚至初稿就开始投稿，幻想得到编辑的批评指正，结果都是直接退回。也曾有幸遇到非常好的编辑，能够真的多赐督促、批评，但核心刊物的编辑因为稿源巨大等原因，一般没有这种可能。因此，这是笔者写作不成熟的一个体现：缺乏对修改的认识与规划、执行，对初稿、定稿的概念认识不够。

学术到底就是一种工作，这个工作会为自己带来名声、财富等，也会为社会带来贡献。工作就需要实实在在的努力：选书买书、阅读、笔记、写、改、参会学习、请教、拜师学习等。专业化，学术就是一门技艺，不专业化无以成人。写作，到底需要有板有眼，这也是大家作品多的原因之

---

[1] 李道荣：《中国写作学发展概论》，文心出版社 2002 年版，第 304 页。
[2] 任遂虎主编：《大学写作训练》（第二版），中国人民大学出版社 2012 年版，第 323 页。
[3] 潘新和：《语文：表现与存在（下卷）》，福建人民出版社 2004 年版，第 1514 页。
[4] 陶富源：《学术论文写作通鉴》，安徽大学出版社 2005 年版，第 243 页。

一。田教授提出获得快速写作灵感的方法："集中精力工作 90 分钟会出现快速写作灵感状态。"[1]

文章的教益，包括参考文献给予人启示、视野提升，包括提出新概念等。且参考文献的广度深度能够加大文章说服力，参考文献如果质量低、狭窄，文章质量可想而知，也容易为人质疑。参考文献不局限于师门、门派，而是广泛涉及，也更是一种学术胸怀宽广、学术格局大的体现。多阅读就可以借用表达来形成丰富的语录输出。边读边写，会带来精致的写作。因为，站在巨人们的肩膀上。做好读一篇文章用一早上、4 小时、几天来准备，尤其英文文章，不也是需要很多时间？写一篇需要几个月，因此，读一篇用几天也不是夸张的事情，反而是正常的，也是高级、正确的阅读。学术有规律、有步骤，也只有符合规律、步骤，才能够真正入门、成为学者、专家。参考文献要足够丰富，给予人启发，但不至于堆砌。真正去学习、研究学术问题，找到平静的内心、保持良好的状态（包括身体锻炼），以一举三，以实现高产。多做读书笔记。

结　语

学术、研究写作，是一个综合的活动，由多个环节组成，各个环节相互关联，每一个环节都十分重要。

"叶圣陶先生认为写作应'本于内心的郁积，发乎情性的自然'，这当是写作创造与想象的真正的基础和动力。"[2]总体上，"悟道、修德、养气、求知、明理、札录，是学写（文）之大法。"[3]这侧重于学习者的修炼，但教育可以起到提点的作用，毕竟并非大多学习者、学生都能够有这类体悟、自学能力。研究生教育值得通过开设写作课、研究方法课、指导学生进行写作、研究方法书籍的购买与阅读等方式去补足这方面的缺失。

---

〔1〕 田富强：《学术灵感写作研究》，中国社会科学出版社 2019 年版，第 115 页。

〔2〕 潘新和：《不写作，枉为人——潘新和语文学术随笔》，福建教育出版社 2014 年版，第 34 页。

〔3〕 潘新和：《不写作，枉为人——潘新和语文学术随笔》，福建教育出版社 2014 年版，第 7 页。

这对于学术型研究生、以学术为业的学生、准学者尤其重要。虽说“写作素养，不是‘教’出来、‘练’出来的，而是‘悟’出来、‘养’出来的。”〔1〕

总体上，写作、学术研究，要从品德修养、态度端正、心境沉静开始，然后是材料积累与阅读、立意，“想清楚一些了”再动笔，写提纲、正文，之后是修改，等到改到无可改再开始投稿、请别人批评指正。整个过程，需要保持不功利、沉静的心境，并以充沛的心力、体力去进行，当然，良好的德性有助于形成这样稳定持久的状态，达到人文结合的境界，也许，好文章不远矣。当然，标题的拟定、文章结构的安排、逻辑的通顺，也都是极度重要的。“要想出名、写出好文章”，文章就需要端正、完整、真诚。

---

〔1〕 潘新和：《不写作，枉为人——潘新和语文学术随笔》，福建教育出版社2014年版，第7页。

教育与评价

Jiao Yu Yu Ping Jia

基于OBE理念的教学质量评价档案信息化建设研究

刘振鹏　田晓曦　彭宝权*

工程教育认证专家现场考查是专业类认证委员会委派的现场考查专家组到接受认证专业所在学校开展的实地考察活动。专家进校其中一项重要任务就是查阅大量的教学质量评价档案，教学质量评价档案记录了教师、学生和教学运行等多方面的信息，通过查阅教师评价档案，可识别教师的教学水平；通过查阅课程考核记录，可识别学生的学业收获；同时还可以根据不同时期的数据分布，反映教学基本状态的变化，发现教学运行和教学保障中存在的问题。

高校要以工程教育认证为契机，加强教学质量评价档案管理工作，以评促建、以评促改，注重过程材料的收集与归纳，规范和提高教学质量评价档案的质量，尤其是要加快教学质量评价档案的信息化建设。

一、高校教学质量评价档案的现状及问题

目前，教学质量评价档案管理仍然存在操作标准不规范、管理模式较为落后、档案管理人员专业知识缺乏、电子化进程较

* 刘振鹏，沈阳建筑大学质量管理与评价办公室副主任、副研究员，研究方向：高等教育质量管理与评价。田晓曦，沈阳建筑大学信息与控制工程学院教师，研究方向：人工智能、大数据。彭宝权，沈阳建筑大学质量管理与评价办公室教学评价科科长，研究方向：高等教育管理。

慢、档案归档不及时、应用性不强、评价时机不当等问题，高校应该深入研究，充分认识工程教育认证的内涵，严格按照相关文件的规定和要求，转变观念，高度重视教学质量评价档案的作用，使教学质量评价档案真正服务于工程教育认证。

（一）对教学质量评价档案管理重视不够

高校对教学质量评价档案重视程度不够，存档意识不够强。教学质量评价档案是反映高校教育教学工作的记录，它们是在教学过程进行中产生的信息，是可靠的第一手资料，工程教育认证中所涵盖的教学日历、教学大纲、教案、试卷、实验记录单、教学质量监控体系等多项指标都必须由这些原始的教学质量评价档案来提供支撑〔1〕，因此要在日常工作中，重视教学质量评价档案的收集整理和归档。

（二）缺乏档案管理专业人员，业务能力偏低

学校质量评价部门和各学院，大部分没有设置专职档案员，基本都是其他教师兼职的，他们普遍缺乏档案管理的知识储备和业务能力，致使各学院、各部门之间的教学质量评价档案水平参差不齐，专家进校查阅时，会发生档案丢失、调阅不及时的情况，高校迫切需要培养具备档案管理专业技能和信息化操作水平较强的档案管理专业人员。

（三）信息化建设缓慢，档案利用率偏低

随着时代的进步和网络信息技术的迅猛发展，纸质档案已经不能满足人们的利用需求，信息的获取以及传递方式也相应发生了重大的变化，档案信息化建设逐渐走进人们的视野。档案信息化建设的基本内涵包括：档案信息利用网络化、档案信息存储数字化和档案信息管理标准化，〔2〕但是目前国内高校档案信息化建设水平普遍不高，传统的纸质档案仍然占据大多数，为此需要投入巨大的场地和人工，在查阅时费时费力，导致利用率偏低。

---

〔1〕 李蓉：《浅析教学档案在教学评估工作中的地位与作用》，载《兰台世界》2009年第S1期，第19页。

〔2〕 郭丹、石玉蓉：《浅析学校教学档案与教学评估的关系以及教学档案信息化的建设》，载《中外企业家》2015年第25期，第222~223页。

（四）学生评教档案的评价时机不当

评价的时机把握不当，学生评教的档案大部分为结果性档案。目前，国内大部分高校将学生评教工作集中安排在期末，此时部分课程的成绩已经公布，受此影响，学生对授课教师评价的公正性和客观性受到质疑，而且对于学生评价的结果，教师在结课以后才能知道，不利于教师及时在授课期间进行改进，失去了学生评教的督促功能。[1]

二、提升高校教学质量评价档案管理水平的对策分析

（一）加强制度建设，明确教学质量评价档案内容

为了加强教学质量评价档案管理，更好地为专家进校查阅做准备，提高学校质量评价部门和各学院档案管理的水平，真正实现教学质量评价档案管理工作规范化，各高校应该认真调研，结合本学校、本部门实际情况，制定切实可行的规章制度，明确教师、督导专家、学院、学校质量评价部门的工作职责，明确教学质量评价档案的内容，主要有：教案检查评价表、教学实习课程设计检查评价表、课程考核检查评价表、毕业设计规范化检查评价表、毕业设计（论文）评估检查表、开学初教学检查总结、期中教学检查总结。制定目录做好教学质量评价档案的分类整理工作。

（二）加强人员培训，提升档案管理人员综合素质

学校应该重视教学质量评价档案管理人员的专业建设，邀请专家对负责教学质量评价档案管理的教师进行培训和指导，尤其是要加大信息技术的培训，开展先进经验交流，定期组织到其他高校进行走访调研学习，从而提升各学院、各部门教学质量管理档案人员的整体素质。要将高校教学质量评价档案管理工作人员，变成既掌握档案管理专业知识又具备信息化操作能力的复合型人才，从而有利于教学质量评价档案的管理，并将有关信息和数据进行挖掘利用。[2]

---

〔1〕 王晓辉等：《高校教师教学质量评价档案的管理及利用》，载《兰台世界》2019 年第 7 期，第 111~114 页。

〔2〕 邹凡：《“互联网+”背景下高校档案网络化管理的建设研究》，载《兰台世界》2016 年第 13 期，第 44~46 页。

（三）加强数字化建设，提高档案利用率

传统的教学质量评价档案大部分都是纸质版的，存在保存难度大、占用空间大、调阅难度大等缺点，原有的模式不利于档案的收集，伴随着社会信息化和高校数据化的建设，档案工作也应该往信息化这个方面发展，学校相关部门牵头，通过与软件公司合作，订制适合学校发展和实际运行的电子档案数据库系统，将高校日常教学工作中产生的纸质化档案，经过扫描、拍照等形式转换成电子文档，分门别类保存，以达到节省空间和方便调阅的目的，通过档案信息化建设，将极大地改善教学质量评价档案的利用效果，实现资源共享。

（四）正确选择评价时机，促进评价档案作用发挥

对教师进行教学质量评价的根本目的是“以评促教”，这就要求高校质量管理评价部门要恰当把握评价时机，从而更好地发挥教学质量评价档案的作用。以笔者所在学校为例，第一次评教是在本学期第 8 周，原则上承担本学期在第 14 周之前进行结课考核的课程教学任务的教师均应参加本次学生评教。经教师自愿申请确认后，本次学生评教结果将作为本学期教学质量学生评价的最终结果。本学期前 8 周没有课程教学任务的教师不参加本次学生评教。第二次评教在本学期第 16 周，通过两次评价可以保障任课教师的切身利益，保障教学评价结果的客观、公正、真实，促进教学质量评价与管理的良性持续改进。

三、构建高校教学质量评价档案管理信息化系统

（一）明确教学质量评价档案的各个主体

学生如果在考试结束后，对日常学习、考核中的试卷成绩有异议，可以申请查看原始档案；教师在备课过程中的教案、教学日历等材料，是高校教师在教育教学活动中的表现，是由教学促成学生学习成果和学习体验并获得评价的有关信息记录；各二级学院，是教师所在的具体管理部门，对教师的教学业绩，需要进行鉴定和查阅；学校质量评价部门，享有对全校教师进行教学检查和督导的权限，需要组织教学督导专家定期进行教学检查；督导专家，会在日常听课、评课过程中，对授课教师进行评定，通

过听课记录单进行记载评定；认证专家进校后，根据工作需要，抽取能够反映学校教育教学水平的教学质量评价档案进行审核。

（二）明确教学质量评价档案各方存在的主要问题

学生对自己的成绩有异议时，只能委托辅导员老师代为查看，自己不能看到原始试卷；教师在忙于授课的同时，对自己的教案和教学日历存档不够及时，如果存放在家里或者办公室电脑，调取时不太方便，容易因电脑系统问题而丢失；各二级学院对本学院教师和学生的教学质量评价档案存放，存在存放场地不够用、存放人员缺乏业务培训、工程教育认证时调取费时的问题；学校质量评价部门开展相关检查的时候，需要提前通知各二级学院，让他们准备好具体学期、具体教师的具体材料，不能实时、随机查阅和检查；教师不能看到教学督导专家的听课记录单，对自身存在的问题和专家的建议，不能实时获得；工程教育认证专家查阅时，会存在个别档案调取不及时、个别档案丢失等情况，不能快速准确地进行审核，提高工作效率。

（三）建立教学质量评价档案数据库模块

我校已经自建了教学质量管理平台（图 1），实现了日历填报、督导评教、串调代课、教学检查等模块，在原有模块的基础上，开发订制教学质量评价档案管理模块，将各模块之间数据打通，实现共用共享，提高我校教学质量评价档案的信息化水平。

在明确学生、教师、二级学院、学校质量评价部门、教学督导专家、工程教育认证专家等责任主体的基础上，建立教学质量评价档案存储和调阅数据库系统（图 2），根据不同的档案制定目录，进行动态有序管理，设置不同角色和权限，并跟平台原有其他模块实现资源共享（图 3），在日常教学工作中加强教学质量评价档案的作用发挥，从而为迎接工程教育认证专家进校检查奠定良好基础。

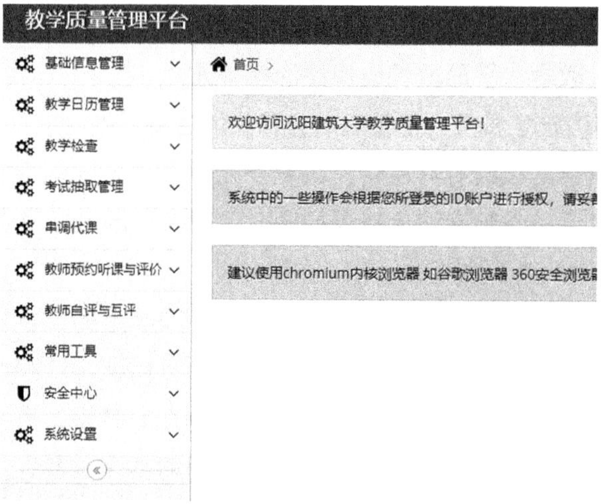

图 1 教学质量管理平台

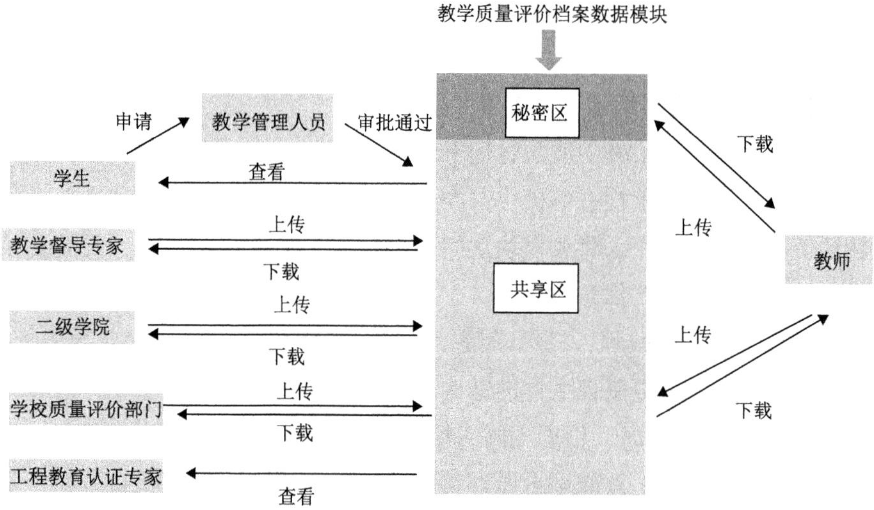

图 2 教学质量评价档案数据模块图

（四）教学质量评价档案模块与其他模块实现资源共享

教学日历是任课教师完成一个学期教学任务的具体实施方案，也是跟踪教学质量的重要参考依据。教学日历的制订要明确理论授课、实验、习题等内容与方式、教学进度和学时分配，任课教师在正式开学前，要通过教学质量管理平台安排制订教学日历，填写的过程即教学质量档案保存的过程；学校教学质量评价部门，每学期都会组织督导专家进行督导听课评教，在对任课教师进行打分的过程中，就会留下教学质量评价档案；教师教学质量评价工作，同样也依托教学质量管理平台开展，教师自评、教研室互评、领导小组评价、学生评价产生数据的同时，也是教学质量评价档案收集的过程，这些过程都应该做到实时交换，打通数据平台模块之间的联系，真正做到资源共享。

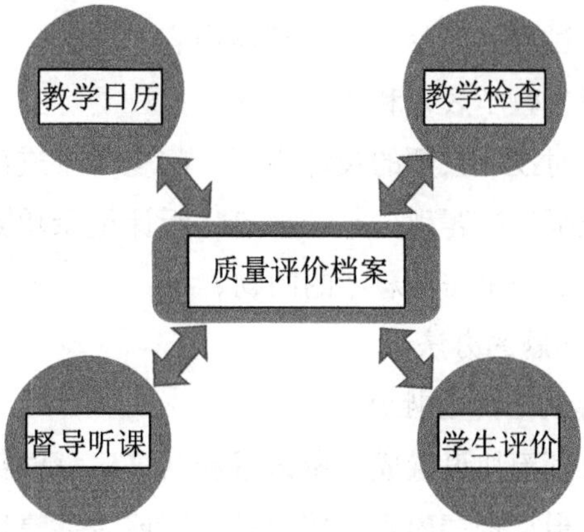

图 3　教学质量评价档案模块与其他模块资源共享图

四、构建教学质量评价档案可能遇到的问题及解决方案

（一）可能遇到的问题

1. 教师教案等涉及知识产权内容的安全性问题

教案是教师为顺利而有效地开展教学活动，根据课程标准、教学大纲和教科书要求及学生的实际情况，以课时（次）为单位，对教学内容、教学步骤、教学方法等进行的具体设计和安排，是对具体教学实施和教学过程的设计方案。

很多教师授课经验丰富，教案设计规范，内容丰富翔实，一旦上传到系统以后，个别教师担心会被其他人下载或者共享，为了打消这部分教师的顾虑，对知识产权的保护就尤为重要。

2. 督导专家听课记录单共享问题

督导听课是在学院和教师事先不知情的情况下进行随堂听课的，反映任课教师课堂教学的真实情况。作为督导，既要从专业的角度去评价和指导教师的上课，又要通过对课堂教学的观察，了解学院的管理，了解教风和学风，了解教学质量等信息，发现典型，树立榜样。

听课记录如何做，做到什么程度，要根据听课目的和教学内容来定。督导听课最好是采取课堂实录。实录内容包括听课时间、课程、班级、执教者、课时、教学过程（包括教学环节与内容、方法）各个环节的时间安排、师生活动情况、教学效果和评价意见。

听课记录单会对授课教师的授课内容、问题、改进建议等方面进行详细记录，对授课教师进行客观公平的评价，听课记录单是否共享，对哪些单位和个人共享，是一个需要思考的问题。

（二）拟解决问题的办法

1. 加强数据库内容保密性措施

将数据库中教师模块设置成私密区域和共享区域两部分，根据工作需要和安排，教师可根据档案内容上传到私密区或者共享区，并可对共享区设置查阅权限，根据不同角色设置不同查阅权限。对系统进行定期维护，查杀病毒，对使用人员做好保密性培训和教育，严格工作纪律，不允许将涉及教师个人知识产权的内容，私自发给其他人员或者上传到网络进行资源共享。

2. 加强督导专家与任课教师的沟通交流

督导听课后要和教师交流听课体会，应本着诚恳、负责、谦虚的态度与教师进行交流。交流时要充分肯定所听课程的优点，帮助总结成功经验，鼓励教师，善意提出不足和有针对性的意见，站在更高的层面给予建议。在充分沟通的前提下，可以将听课记录单对被听课教师开放共享权限，可以让被听课教师了解自己的不足，在以后的教育教学过程加以改善，切实提高教学水平。可以对被听教师所在学院开放查看权限，让二级学院了解本学院教师的授课水平，从而有针对性地在学院范围内开展教学活动，提升本学院教师授课水平。

中国政法大学本科人才培养质量和社会评价指标体系研究*

李慧敏　丁　静　马　静**

教育关系个人成长、民族振兴和社会发展，故《学记》明言："君子如欲化民成俗，其必由学乎！"[1]反映教育质量的是培养对象质量的优劣高低。[2]而最直接的体现培养对象质量的工具则是评价指标体系，因此，科学且具有可操作性的指标体系就成为衡量各级各类教育质量的必需之物。如何制定科学的教育质量评价指标体系就需要认真思考，深入研究。本文将对中国政法大学本科人才培养质量和社会评价指标体系进行思考，以丰富相关研究，促进中国政法大学本科教育实践的高质量发展。

一、指标体系研究的背景

研究中国政法大学本科人才培养质量和社会评价指标体系，必须结合其所面临的时代发展、政策指引和中国政法大学的自身

---

* 基金项目：本文是2021年中国政法大学校级教育教学改革项目"中国政法大学本科人才培养质量和社会评价研究"（项目编号：JG2021B004）的阶段性研究成果。

** 李慧敏，中国政法大学法学教育研究与评估中心副教授。丁静，中国政法大学教育法硕士研究生。马静，河北省保定市莲池区人民法院研究室主任。

〔1〕 顾明远：《读〈学记〉》，载《中学语文教学》2021年第3期。

〔2〕 邱均平、艾杨：《教育质量：三类概念模型的探析与启示》，载《重庆大学学报（社会科学版）》2016年第1期。原载教育大辞典编纂委员会编：《教育大辞典·第1卷：教育学　课程和各科教学　中小学校》，上海教育出版社1990年版，第24页。

发展定位，这些背景性因素直接影响着评价指标体系的科学性。

（一）时代发展：新时代高等教育进入普及化发展阶段

1. 新时代新社会主要矛盾新征程

2017年10月，习近平总书记在十九大报告中指出，我们取得了伟大成就，还为世界和平和解决全球人类问题奉献了自己的智慧和方案，步入了“新时代”。“人民日益增长的美好生活需要和不平衡不充分的发展之间的矛盾”是社会的主要矛盾。[1]2020年10月，《中共中央关于制定国民经济和社会发展第十四个五年规划和二〇三五年远景目标的建议》（以下简称《建议》）发布，为我们擘画了到2035年的美丽画卷。我们步入了崭新的发展阶段。《建议》为我们的新时代新征程提供了“纲领性文件”和“行动指南”，谱写了我国新时期新阶段新发展的壮伟蓝图，为我国高等教育事业的蓬勃发展明确了根本遵循。

2. 高等教育新阶段新特点

按照马丁·特罗（Martin Trow）酝酿多年后于1973年提出的理论[2]，我国高等教育2019年毛入学率达到51.6%，普及化进程开启。[3]2020年，毛入学率继续攀升至54.4%。[4]相较之下，新阶段的高等教育将会表现出不同以往的特点，只有明了其新特点，大学才能更好地推动高等教育的实

---

〔1〕《习近平在中国共产党第十九次全国代表大会上的报告》，载党史学习教育官网：http://cpc.people.com.cn/n1/2017/1028/c64094-29613660.html，最后访问日期：2021年6月22日。

〔2〕马丁·特罗（1926—2007年），美国加利福尼亚大学伯克利分校教授，著名教育社会学家。其在1973年的文章《从精英向大众高等教育转变中的问题》提出其理论，认为三个阶段高等教育毛入学率是不同的，其中，15%以下的高等教育毛入学率对应的是精英化阶段，15%~50%之间的毛入学率对应大众化阶段，大于50%的毛入学率则与普及化阶段相对应。邬大光：《伯克利之旅：美国公立大学的翘楚》，载《复旦教育论坛》2019年第5期。对于15%、15%~50%以及50%以上三个量化标准是否适合中国高等教育的发展，学者们曾经给予了讨论并存在不同的声音，除此文章外，可见邬大光：《高等教育大众化理论的内涵与价值——与马丁·特罗教授的对话》，载《高等教育研究》2003年第6期；张继龙：《历史回望中的发现——马丁·特罗大众化理论流变的考察与分析》，载《江苏高教》2013年第4期。但是马丁·特罗的三阶段论在国际上的广泛传播和在中国多年的传播，其三个量化指标已经成为衡量高等教育发展的重要标志。

〔3〕《2019年全国教育事业发展统计公报》，载中华人民共和国教育部网：http://www.moe.gov.cn/jyb_sjzl/sjzl_fztjgb/202005/t20200520_456751.html，最后访问日期：2021年6月3日。

〔4〕《2020年全国教育事业统计主要结果》，载中华人民共和国教育部网：http://www.moe.gov.cn/jyb_xwfb/gzdt_gzdt/s5987/202103/t20210301_516062.html，最后访问日期：2021年7月30日。

践和创新，才能更好地实现教育目标，满足社会的需要。综合起来看，普及化高等教育突出的新特点有如下几个。

第一，普及化高等教育将更大幅度地扩展规模。2002 年是中国高等教育发展历史上值得一提的标志性的一年。是年，中国高等教育毛入学率达到 15%，大众化进程开启。[1]与此相比，2020 年增加了 2500 多万人。[2]此后近 20 年间，我国高等教育规模就翻了一倍多。2021 年 3 月，《中华人民共和国国民经济和社会发展第十四个五年规划和 2035 年远景目标纲要》（以下简称《纲要》）[3]发布并明确，高等教育毛入学率这一指标要继续提升至 60%[4]，这就意味着必须进一步扩大高等教育规模，因而在学总人数将会更多，适龄青年接受高等教育的机会更大。

第二，普及化高等教育将更加注重教育质量。高等教育的发展不应以牺牲质量而取得数量上的增加。虽然自 1999 年高校正式扩招之后的一段时间里，高等教育的质量确实引发了人们的讨论和担忧，但这不是高等教育自身发展所不能避免的。高等教育的一大重要功能是培养人才，而培养人才的标准，无论高校扩招与否，始终在那里稳定地存在，不会随着高校今年扩招力度大就降低、明年扩招力度小就升高。因而，从高校自身来看，高校始终把教育质量放在重要位置上。进入了普及化阶段之后，当百分之六十的人都能上大学的时候，上大学不再是一个适龄青年具有凸显度的标志，"上好大学"才成为其不同于他人的标志[5]，因而，对"上好大学"的追求将会成为整个社会的一个趋势。其时，教育质量就成为区别人才培养结果更为重要的方面，也是进一步区分好大学和不好的大学的更为重要的标准，因而，普及化高等教育将更加注重教育质量，这是高校生存发展

---

〔1〕 当年在学总规模为 1600 万人。《高等教育走向大众化：在学人数 1600 万》，载《现代技能开发》2003 年第 11 期。

〔2〕 《高等教育走向大众化：在学人数 1600 万》，载《现代技能开发》2003 年第 11 期。

〔3〕 《纲要》根据《建议》制定。

〔4〕 《"十四五"规划和 2035 年远景目标纲要全文来了》，载新京报：https://baijiahao.baidu.com/s? id=1694069736958498532，最后访问日期：2021 年 8 月 10 日。

〔5〕 钟秉林：《高等教育从"量"向"质"转变》，载中国教育在线：https://www.eol.cn/news/xueshu/hui/202012/t20201231_2065187.shtml，最后访问日期：2021 年 7 月 22 日。

的需求，也是社会的需求。马丁·特罗本人也曾坦率地表示："大众化高等教育的发展，不是不要精英教育，而是要更加保护精英教育。"〔1〕普及化高等教育的蓬勃发展不是要把精英教育进行一种"抹平"或"拖拽"，使其降低标准，让所有的大学都躺平在同一水平线上，而是要大学保有自身培养人才的标准，让大学都成为好大学，更加追求教育质量，把每一个受教育者都培养成精英。

第三，普及化高等教育将更加强调特色及多元化。普及化高等教育将更加注重教育质量，这是对高等教育水平和效果的要求。而在普及化高等教育的发展途径上，特色及多元化发展将大放异彩，被越来越重视。当众多的适龄青年都能选择进入什么样的高校学习的时候，他们希望的好大学不仅仅是一所教育质量好的大学，而且是一所在自己喜欢的专业教育上有好的质量的大学。因而，多元化和特色发展将会是吸引众多适龄青年予以选择的一个重要因素。换句话说，多元化和特色发展将会成为普及化高等教育阶段高校的重要立身技能。因此，高等教育将进一步分类成带有专业特色或办学特色的各种类型的高等教育，以特色吸引学生，形成各有风采的百花齐放高等教育局面，其中，职业高等教育发展舞台将会有更大的拓展。每一个有特色的高校都在追求着质量，把学生培养成有特色的精英人才满足社会各个行业的需要。特色和多元化发展之路的局面就是条条大路通罗马式的、通过特色和多元把每一个学生培养成高质量人才的局面。

第四，普及化高等教育将更加关注受教育者自身的获得感。从个体社会化的角度而言，受教育的过程其实是每一个学生个体在其成长过程中陶冶品德、丰富知识和掌握技能的过程。因而在教育过程中，受教育者是否获得了品德、知识和技能就成为非常重要的问题。在一半以上的人能够进入大学接受高等教育的时候，可以认为，大学从某种程度上成为可以被适龄青年从某种程度上选择的对象，如此至少会产生两种突出的影响。一是从高校发展角度看，高校会面临着更加剧烈的国内外范围内的竞争，更加

〔1〕 邬大光：《高等教育大众化理论的内涵与价值——与马丁·特罗教授的对话》，载《高等教育研究》2003年第6期。

注重社会评价，高校本身会更加重视内涵式发展，不断提升教育质量，凸显自己以吸引到更多优秀的学生。二是从学生角度而言，在大学里能学到什么，能有什么收获，将会成为学生们选择高校的时候予以关注的重要因素。这些影响其实于高等教育大众化时期就已经存在。彼时，“新生高额奖学金”等方法被一些恶性竞争的高校用在招生中以争抢生源，造成了恶劣的社会影响，损害了大学的声誉和社会公众对大学的良好印象和期望，被教育部于2015年7月发文禁止〔1〕，可见高校之间的竞争之烈。〔2〕而学生中则有“为了经历”弃北大选港大的2011年高考生〔3〕，也有2013年从香港大学退学的学生，〔4〕都表明了学生自身对高校的选择。普及化高等教育阶段，接受高等教育的机会进一步扩大，接受什么样的高等教育才是彰显受教育者个体之间教育差异的标准，因而受教育者个体对高校的选择性将更加强烈。真正喜欢某所高校、某个专业或者某种精神更能成为个体选择高校的出发点。与之相对应的，在大学里能学到什么知识和技能，塑造何种品性，将会成为学生们选择高校时予以关注的重要因素，因而普及化高等教育将更加关注受教育者自身的获得感，以学生为中心，实施教育

〔1〕 塔元培：《人民日报人民时评：高校竞争如何步入良性轨道》，载人民网：http://opinion.people.com.cn/n/2015/0710/c1003-27281621.html，最后访问日期：2021年6月4日。

〔2〕 高校之间的竞争不仅限于内地高校之间，还存在于中国香港与内地之间、中国与世界范围内的高校之间。1998年，中国香港高校开始招收内地本科生，开始了中国香港高校与内地高校之间的竞争，彼时，内地高校竞争优势不大，因而出现过“港校热”，随着内地高校办学水平和教育水平的提高，内地高校开始与香港高校齐平，2021年内地127所高校招收香港文凭试学生，引发众多香港学生青睐。在世界范围内，越来越多的海外高校包括英国的剑桥大学、伯明翰大学等，加拿大的多伦多大学、麦吉尔大学等，美国的纽约大学、布朗大学等，均承认中国的高考成绩，高校之间的竞争舞台越来越大。《127所内地高校将招收香港文凭试学生 3月1日开始报名》，载中国新闻网：http://www.chinanews.com/ga/2021/02-25/9419315.shtml，最后访问日期：2021年5月24日；《〈到香港读大学〉揭开香港八大院校的神秘面纱》，载中国新闻网：http://www.chinanews.com/edu/2014/07-01/6339062.shtml，最后访问日期：2021年5月24日；刘亮：《香港学生为何青睐内地高校》，载《经济日报》2021年7月31日，第7版；褚蔚然：《高考状元南飞港校问题研究》，载《考试周刊》2012年第39期；赵晓霞：《哪些国家接受中国高考成绩》，载《人民日报（海外版）》2021年7月29日，第8版。

〔3〕 《北京文科状元：弃北大选港大不为钱为经历》，载中大网校：https://www.wangxiao.cn/gk/58022210160.html，最后访问日期：2021年6月2日。

〔4〕 陆文江：《请尊重“复读状元”的人生选择》，载《课堂内外创新作文（高中版）》2014年第8期。

教学活动。

第五，普及化高等教育将具有更多的国家意义。普及化高等教育的家国情怀是由高等教育本身所具有的操守和我们所处的时代所赋予的。东汉许慎的《说文解字》中认为，教育二字具有不同的含义，“教，上所施，下所效也。”“育，养子使作善也。”[1]如果说“教”是方式和途径，那么“育”就是教学的目的。因而，高校教育教学活动其实本就具有价值倾向性和品性，即“向善”，因而《大学》开篇即明确：“大学之道，在明明德，在亲民，在止于至善。”[2]“善”在中国的封建社会，是指基于修身的治理国家安服天下，化民成俗，是“穷则独善其身，达则兼济天下”，这是教育活动本身就具备的和性质和操守，家国情怀从来就没有外在于教育教学活动。

当下，我们步入了新时代的崭新发展阶段，面临着百年来没有过的大变局，中国的国际地位日益从舞台边缘靠近中央，新的国际局势要求中国必须彰显大国责任，要求我们加速发展，以中国特色社会主义现代化强国的姿态出现。做到这些，我们需要更多的符合各行各业需求的不计其数的优秀人才。优秀人才来自高等教育，因而正是我们所处的新时代需要高等教育必须具备更多的家国情怀，这也更大地激发了高等教育本身所具备的培养人向“善”的道德操守，立德树人，培养众多品德高尚、专业知识和技能丰富、身体强健的全面发展的人才，服务于国家，服务于社会，服务于构建人类共同体，这是“善”在当下新时代应有的含义，因此，高等教育将会日益成为国之重器，彰显更多的家国情怀，具有更多国家战略的意义，“为党育人、为国育才”。

（二）政策指引：国家高度重视本科教育

党和国家对于高等教育及本科教育的发展一直都极为重视。

---

〔1〕 宋喆、曾鹰：《从“教”与“育”看古代德育的社会化本性——〈说文解字〉的视角》，载《教育评论》2010年第4期。原载（汉）许慎撰，（清）段玉裁注：《说文解字注》，中州古籍出版社2006年版，第127页、第744页。

〔2〕 中华书局：《新编诸子集成》（第一辑·四书章句集注），中华书局2011年版，第3页。

1. “双一流建设”

1998 年，建设世界一流大学的目标被适时提出，紧接着第二年，“创建若干所具有世界先进水平的一流大学和一批一流学科”被明确提出。自此，以“985 工程”为平台的“双一流建设”开始。[1]6 年之后的 2015 年，“统筹推进世界一流大学和一流学科建设”由国务院印文的形式被确定，[2]“双一流建设”的战略实施开始，对促进高校的本科教育发展起到了很大的推动作用。2017 年 1 月，《统筹推进世界一流大学和一流学科建设实施办法（暂行）》发布[3]，继续推动“双一流建设”不断前进。

2. 一流本科教育建设

在“双一流建设”进程中，本科教育建设因其重要性很快就被单独明确出来。《国家中长期教育改革和发展规划纲要（2010—2020 年）》提出，“建立以提高教育质量为导向的管理制度和工作机制”。[4]根据《纲要》精神，《教育部关于全面提高高等教育质量的若干意见》（教高〔2012〕4 号）（即“高教 30 条”）强调指出，“建设一批世界一流学科”。[5]普通高等学校《本科教学质量报告》年度发布制度自此开始。[6]2016 年 4

[1] “创建若干所具有世界先进水平的一流大学和一批一流学科”是在《面向 21 世纪教育振兴行动计划》中提出的。赵沁平：《走出中国建设世界一流大学的路子》，载《报刊荟萃》2017 年第 3 期。

[2] 《国务院关于印发统筹推进世界一流大学和一流学科建设总体方案的通知》（国发〔2015〕64 号），载中华人民共和国中央人民政府网：http://www.gov.cn/zhengce/content/2015-11/05/content_10269.htm，最后访问日期：2021 年 6 月 1 日。

[3] 赵沁平：《走出中国建设世界一流大学的路子》，载人民网：http://theory.people.com.cn/n1/2017/0307/c40531-29129083.html，最后访问日期：2021 年 6 月 20 日。

[4] 《国家中长期教育改革和发展规划纲要（2010—2020 年）》，载中华人民共和国教育部网：http://www.moe.gov.cn/srcsite/A01/s7048/201007/t20100729_171904.html，最后访问日期：2021 年 6 月 5 日。

[5] 《教育部关于全面提高高等教育质量的若干意见》，载中华人民共和国教育部网：http://www.moe.gov.cn/srcsite/A08/s7056/201203/t20120316_146673.html，最后访问日期：2021 年 6 月 5 日。

[6] 《教育部办公厅关于普通高等学校编制发布 2012 年〈本科教学质量报告〉的通知》，载中华人民共和国教育部网：http://www.moe.gov.cn/srcsite/A08/s7981/201310/t20131018_166966.html，最后访问日期：2021 年 6 月 2 日。

月，《中国高等教育质量报告》发布，此举被认作“世界首次”。[1]本科教育在提高质量的大路上踏实前进。

2017年10月，《中国本科教育质量报告》发布。[2]同年10月，“加快一流大学和一流学科建设”在十九大报告中被明确提出[3]，自此，我国一流本科教育走上快车道。一流本科教育建设一路高歌，基本上每年都有新的推进举措出台。2018年5月，习近平总书记指出“广大青年要成为实现中华民族伟大复兴的生力军，肩负起国家和民族的希望”[4]，为一流本科教育指明了前进的方向。同年6月，《一流本科教育宣言（成都宣言）》承诺“建设一流本科教育”[5]，一流本科教育进入全面快速飞跃式发展态势。在2018年9月召开的全国教育大会上，习近平总书记指出要“坚持把服务中华民族伟大复兴作为教育的重要使命”。[6]10月份，《教育部关于加快建设高水平本科教育 全面提高人才培养能力的意见》（即“新时代高教40条”）等文件印发。随即，“六卓越一拔尖”计划2.0开始实施。[7]2019年，《加快推进教育现代化实施方案（2018—2022年）》发

---

〔1〕《散发材料—系列高等教育质量报告首次发布——事实和数据说话，展现中国高等教育质量的自信与自身》，载中华人民共和国教育部网：http://www.moe.gov.cn/jyb_xwfb/xw_fbh/moe_206 9/xwfbh_2016n/xwfb_160407/160407_sfcl/201604/t20160406_236891.html，最后访问日期：2021年5月2日。

〔2〕《权威发布！最新版高等教育质量“国家报告”出炉》，载中国教育在线：https://gaokao.eol.cn/news/201710/t20171016_1559846.shtml，最后访问日期：2021年5月22日。

〔3〕《习近平在中国共产党第十九次全国代表大会上的报告【10】》，载党史学习教育官网：http://cpc.people.com.cn/n1/2017/1028/c64094-29613660-10.html，最后访问日期：2021年5月20日。

〔4〕《习近平：在北京大学师生座谈会上的讲话》，载新华网：http://www.xinhuanet.com/2018-05/03/c_1122774230.htm，最后访问日期：2021年8月3日。

〔5〕该宣言是在新时代全国普通高校本科教育工作会议期间产生。《建设一流本科教育：150所高校联合发出〈成都宣言〉》，载人民网：http://edu.people.com.cn/n1/2018/0622/c367001-30076659.html，最后访问日期：2021年6月5日。

〔6〕《坚持中国特色社会主义教育发展道路 培养德智体美劳全面发展的社会主义建设者和接班人》，载人民网：http://edu.people.com.cn/n1/2018/0911/c1053-30286253.html，最后访问日期：2021年6月20日。

〔7〕《教育部发文实施“六卓越一拔尖”计划2.0》，载中华人民共和国教育部网：https://gaokao.eol.cn/news/201810/t20181018_1629193.shtml，最后访问日期：2021年6月1日。

布，要求“以培养社会主义建设者和接班人为根本任务”。[1]2020年10月，前文所述的《建议》首次明确提出要“建设高质量教育体系”并确定了具体的政策重点和方向，为我国高等教育事业发展明确了根本方向。2021年，前文所述的《纲要》明确要“建设高质量本科教育”。[2]这些政策文件掀起了一流本科教育建设高潮。可见，对本科教育始终被党和国家寄予厚望和重视并给予指引。为保证本科教育的发展，2020年10月，《深化新时代教育评价改革总体方案》发布。该方案以破“五唯”为指向。[3]在破“五唯”的政策指引下，本科教育质量的科学评价也在深入地探索和完善之中。

(三) 自身目标定位：新时代中国政法大学的建设目标是具有中国特色的世界一流法科强校

中国政法大学建校于1952年，以法学学科为主，被认为是我国法学教育的最高学府，“肩负着引领中国法学教育、服务全面依法治国的重大使命”。[4]中国政法大学始终与国家发展紧密连接在一起，为我国的社会主义法治建设提供了大量的法学优秀人才[5]，其办学水平影响着中国法学高等教育的整体水平。在一流本科教育建设中，中国政法大学始终是积极的践行者。

1. 大众化高等教育阶段的目标定位

2002年，中国高等教育开启大众化发展阶段。中国政法大学也在此阶段得到了快速发展，其自身所定的发展目标是“世界知名”或“国际知

---

〔1〕《中共中央办公厅、国务院办公厅印发〈加快推进教育现代化实施方案（2018—2022年）〉》，载新华社：https://baijiahao.baidu.com/s?id=1626331028578067281&wfr=spider&for=pc，最后访问日期：2021年6月10日。

〔2〕《“十四五”规划和2035年远景目标纲要全文来了》，载新京报：https://baijiahao.baidu.com/s?id=1694069736958498532，最后访问日期：2021年6月10日。

〔3〕即：唯分数、唯升学、唯文凭、唯论文、唯帽子。

〔4〕《中国政法大学校长寄语2021级本科生：做有气质的法大人!》，载中国校园在线：https://baijiahao.baidu.com/s?id=1709784089386223870&wfr=spider&for=pc，最后访问日期：2021年9月3日。

〔5〕《学校简介》，载中国政法大学网：http://www.cupl.edu.cn/xxgk/xxjj1.htm，最后访问日期：2021年8月10日。

名”法科强校。在其2007年的本科教学自评报告、2012年本科教学质量报告、2014—2015学年直到2019—2020学年的本科教学质量报告中，其发展目标的表述均为“世界知名”法科强校。[1]中国政法大学多年以此目标为指引，不断努力奋发、砥砺前行，无论是2005年被列入“211工程”建设队伍，还是2011年进入“985平台”建设队伍，还是其后的获批国家级基地[2]，乃至2017年5月3日习近平总书记在“五四”青年节到来之际的特殊节点来校考察，为中国政法大学的长足发展提供根本遵循，都是其发展进程中的显著性标志。

大众化阶段，中国政法大学始终将本科教育放在重要地位。2016年5月，时任校长的黄进教授在“一流大学本科教学高峰论坛”上接受记者采访时表示，“课比天大”是“中国政法大学的教学理念和对教师职业操守的要求”[3]，彰显了对本科教育的一贯重视。机构上，2017年中国政法大学在原教务处教学质量监控科之外又设立“质量评估中心”专门机构，主要任务之一就是建立本科教育教学质量标准并实时监测。举措上，2008年，中国政法大学新的贯通本硕连接的六年制法学培养模式开始实施。在新法学培养模式的践行中，学校实施双导师制，助力学生人生和学业成长[4]；2013年，中国政法大学为全校本科生开设暑期“国际小学期”[5]，增加本科教育的国际化程度等，这些举措都极大地促进了学校一流本科教育建设。

2. 普及化高等教育阶段的目标定位

在一流本科教育进入全面快速发展态势之后，尤其是“新时代高教40

---

[1] 2014—2015学年、2015—2016学年、2016—2017学年、2017—2018学年、2018—2019学年的本科教学质量报告，载中国政法大学信息公开网：http://xxgk.cupl.edu.cn/；中国政法大学教务处网：http://jwc.cupl.edu.cn/。

[2] 《校长致辞》，载中国政法大学网：http://www.cupl.edu.cn/xxgk/xzzc1.htm，最后访问日期：2021年8月20日。

[3] 《“课比天大”是教师的职业操守》，载新华网：http://education.news.cn/2016-09/22/c_129293695.htm，最后访问日期：2021年5月3日。

[4] 《中国政法大学法学院“六年制法学人才培养模式实验班”10年探索，打造卓越法律人才2.0版新时代实践型法治人才这样锻造》，载中国教育新闻网：http://www.jyb.cn/rmtzgjyb/202102/t20210222_397154.html，最后访问日期：2021年6月10日。

[5] 《关于2013年暑期国际小学期课程修读事宜的通知》，载中国政法大学教务处网：http://jwc.cupl.edu.cn/info/1057/1479.htm，最后访问日期：2021年8月10日。

条”发布之后，面临着百年未有变局下中华民族伟大复兴历史使命的召唤，面临着培养优秀法治人才建设法治国家的迫切需要，面临着贯穿教育方针、实现培养目标、为国家和社会培养众多优秀人才的任务，面临着引领中国法学教育走向的责任感，中国政法大学一流本科教育建设也开始加大力度，与全面依法治国方略的实施需要同向同行，快速发展。其中突出的一个表现就是《中国政法大学建设一流本科行动方案》（以下简称《行动方案》）。该《行动方案》于2019年3月出台，为学校勾画了构建一流本科教育的宏伟蓝图，突出了“一个专业，多个培养方案”的设计。《行动方案》突出强调了“十个一流”的建设目标，同时强调，“中国特色、世界一流法科强校建设”是指引这些目标的根本。[1]因而，中国政法大学一流本科教育的发展目标就是“中国特色世界一流法科强校”，同时该目标也是中国政法大学的发展目标。此目标定位较之于此前的定位“世界知名”法科强校[2]是一个跃升。

以《行动方案》为纲领，中国政法大学在一流本科教育建设方面的具体举措包括，2020年印发《中国政法大学本科生国际课程学分管理办法》（校教字〔2020〕第038号）；[3]2021年实施包括法学、哲学、英语等七个专业的本硕贯通培养模式。[4]七个专业中有两个涉外法治专业是新打造专业；[5]

---

〔1〕《我校正式发布〈中国政法大学建设一流本科教育行动方案〉》，载中国政法大学信息公开网：http://xxgk.cupl.edu.cn/info/1006/2493.htm，最后访问日期：2021年5月19日。

〔2〕《法大·梦——为建设世界知名法科强校努力奋斗》，载法大新闻网：http://news.cupl.edu.cn/info/1020/20779.htm，最后访问日期：2021年6月24日。

〔3〕《中国政法大学本科生国际课程学分管理办法》，载中国政法大学教务处网：http://jwc.cupl.edu.cn/info/1125/7519.htm，最后访问日期：2021年8月1日。

〔4〕《中国政法大学七个专业实施本硕贯通培养》，载法大新闻网：http://news.cupl.edu.cn/info/1829/34209.htm，最后访问日期：2021年8月1日。七个专业为：法学（涉外法治人才培养实验班）专业、法学（法学人才培养模式改革实验班）专业、法学（北京外国语大学联合培养涉外法治人才）专业、信息管理与信息系统（法治信息管理实验班）专业、哲学（拔尖创新人才培养实验班）专业、翻译（法律翻译实验班）专业、英语（法律英语实验班）专业。

〔5〕即法学（涉外法治人才培养实验班）专业和法学（北京外国语大学联合培养涉外法治人才）专业。《全新打造两个涉外法治人才培养实验班 有力支撑卓越涉外法治人才培养》，载法大新闻网：http://news.cupl.edu.cn/info/1829/34210.htm，最后访问日期：2021年8月1日。

2021年推行新的本科生转专业办法等。[1]这些举措继续催动着学校向世界一流方向进步。

上述所有的相关政策文件办法举措均是推动我国本科教育蓬勃发展、质量提升的重要因素，但高等教育质量最终由学生质量来体现。高等教育这艘大船行进至普及化发展阶段，自身出现了许多新的特点，要恰当且客观地衡量出学生的培养质量和与之相联系的社会评价，必须考虑到高等教育发展的这些新特点和高校自身的目标定位。

二、指标体系制定的基础

"他山之石，可以攻玉"。制定任何评价体系都不能空穴来风，借鉴前人研究制定的成果会为我们的制定科学的评价体系提供一定的借鉴。中国政法大学本科人才培养质量和社会评价指标体系的制定亦不例外。

（一）中国政法大学外部相关指标体系的制定

在国内外高等教育发展进程中，对于教育质量的评价指标研究也一直进行，某些国家产生了一些专门的评价机构，形成了一些自成体系的评价体系，为国际范围内所熟知，比较突出的有美国、英国、瑞典。美国的评价指标体系主要是以学生为中心的大学生认同感调查（National Survey of Student Engagement，NSSE）评价项目，旨在对不同年级学生的教育体验和水平进行调查和分析。[2]英国的评价，主要是其高等教育质量保障署（Quality Assurance Agency）针对各高校学科级教学的评价。[3]瑞典的评价体系主要是受"博洛尼亚进程"影响且在2012年之后由其高等教育局对包括学生的毕业论文或设计、校友等在内的评价[4]。国内的评价体系主要是官方发布的指标

---

[1] 《中国政法大学本科生转专业实施办法》，载中国政法大学教务处网：http://jwc.cupl.edu.cn/info/1045/1916.htm，最后访问日期：2021年8月1日。

[2] National Survey of Student Engagement，https://nsse.indiana.edu/nsse/reports-data/nsse-overview.html，last visited on 2020-7-18.

[3] 易晓岚：《英国高等教育质量评估及其对我国的启示》，载《科教导刊（电子版）》2017年第23期。

[4] The Emotional Politics of Policy Processes. Governing in and by Quality Evaluation Reforms in Swedish Higher Education（2016-09-08），https://www.eera-ecer.de/ecer-programmes/conference/20/contribution/34799/，last visited on 2020-7-20.

体系，包括《普通高等学校本科教学工作水平评估方案（试行）》（2004 年公布，已失效）[1]、《普通高等学校本科专业类教学质量国家标准》（2018 年公布）[2]以及《普通高等学校本科教育教学审核评估指标体系（试行）》（2021 年公布）中的评价标准等。这些标准均为教育部印发。[3]

（二）学校自身制定的相关指标体系

根据文献，大众化阶段的中国政法大学对本科教育质量的监控和评价方面最突出地体现在每年发布的《本科教学质量报告》中。早期的评价指标体系主要体现在不同年份制定的分别供管理人员、学生和教师使用的《中国政法大学教学管理人员听课评价暂行办法》（校字〔2002〕209 号）、《中国政法大学本科课堂教学质量学生评价暂行办法》（校教字〔2003〕57 号）、《中国政法大学教师教学质量同行评价实施办法》（校教字〔2006〕61 号）、《中国政法大学本科课堂教学质量评价实施办法》（法大发〔2010〕42 号）中，这些文件对于学校的本科教学质量的评价和提升发挥了重要的作用。值得一提的是，2010 年之前的三个文件中有两个为“校教字”，一个为“校字”，而《中国政法大学本科课堂教学质量评价实施办法》又是以学校发文的形式发布的，该文件规格是“法大发”。可见，从总体上，文件的规格提升了，表现出了学校对本科教育教学的进一步重视。该文件发布的指标体系分为两种，分别供学生和同行专家、教学管理人员、教学督导组使用。两种指标体系从不同角度对学校教育教学质量进行监控和分析。该办法发布后，前文所述三个文件废止。[4] 在一流本科教育进入全面快速发展态势之后，2019 年发布的《行动方案》成为检验一

〔1〕《教育部办公厅关于印发〈普通高等学校本科教学工作水平评估方案（试行）〉的通知》，载中华人民共和国教育部网：http://www.moe.gov.cn/s78/A08/s8341/s7168/201001/t20100129_148782.html，最后访问日期：2021 年 5 月 5 日。

〔2〕张佳：《我国高等教育质量评估政策的历史沿革》，载《智库时代》2019 年第 8 期。

〔3〕《教育部关于印发〈普通高等学校本科教育教学审核评估实施方案（2021—2025 年）〉的通知》，载中华人民共和国教育部网：http://www.moe.gov.cn/srcsite/A11/s7057/202102/t20210205_512709.html，最后访问日期：2021 年 8 月 5 日。

〔4〕《关于印发〈中国政法大学本科课堂教学质量评价实施办法〉的通知》（法大发〔2010〕42 号），载中国政法大学教务处网：http://jwc.cupl.edu.cn/info/1104/2568.htm，最后访问日期：2021 年 8 月 5 日。

流本科教育的总体性标准，其中的30条行动计划规定了一流本科教育的努力方向。之后，学校推行目标责任制，学校各单位均有自己要完成的目标，而该《行动方案》的实施效果被列入各单位目标责任制考核内容之中[1]，与目标责任制一同成为学校建设一流本科教育的重要支撑。

毕业生的就业状况与教学质量紧密相关，亦受社会广泛关注。其作为一面镜子，从中可以映出社会对学校学生培养质量的认可程度，也可反观本科教育的人才培养质量。中国政法大学根据教育部要求[2]，2013年起始向社会公布毕业生年度就业质量报告。

三、中国政法大学人才培养质量和社会评价指标体系

如前所言，高等教育质量最终由学生的质量来反映和体现，也就是说，本科人才培养质量，主要体现在学生学习了什么以及学到了什么进而外化为学生身上发生了什么样的变化以及得到怎样的社会评价上。学生学习了什么不必然产生学生学到了什么，也不必然产生学生身上发生了什么变化的结果，因而从学生学习了什么出发衡量人才培养的质量，是不科学的，但是从学生身上发生了什么样的变化可以反映出其学到了什么，进而可以反观学生学习了什么，并进一步审视学校的课程设置及教育教学环境。因而，从学生收获了什么以及获得了何样的社会评价出发制定中国政法大学人才培养质量和社会评价指标体系就是一个重要的基本思路。学生的收获及评价即为学生的学习成就和评价，其不仅仅包括结果性的成就及评价，也包括过程性的成就及评价，其基本目的是要反映出本科教育教学建设工作推动中人才培养质量及社会的评价，学校的课程体系以及教育教学环境等在多大程度上影响了学生，学生在其中获得了什么样的收获和社会评价。

---

[1] 《我校正式发布〈中国政法大学建设一流本科教育行动方案〉》，载中国政法大学信息公开网：http://xxgk.cupl.edu.cn/info/1006/2493.htm，最后访问日期：2021年7月19日。

[2] 《教育部办公厅关于编制发布高校毕业生就业质量年度报告的通知》，载中华人民共和国教育部网：http://www.moe.gov.cn/srcsite/A15/s3265/201311/t20131105_159491.html，最后访问日期：2021年7月19日。

（一）指标体系制定的基本要求和指标设定内容

1. 指标体系制定的基本要求

把握时代脉搏，紧抓高等教育新特点，结合自身定位，从学生的成就及社会评价出发制定中国政法大学人才培养质量和社会评价指标体系，应该体现三个方面的内容。这三个方面的内容也是指标体系制定的基本要求。

第一，体现学生学习成就。毋庸置疑，这是指标体系的核心，也是对本科教育质量建设的重要检验，无论是过程性成就，如学生正确价值观的养成、国际视野的开阔、能力的提升等，还是结果性的成就，如优秀毕业生，优秀毕业论文等，都应该被重视，如此，才能反映出整个学校的教育教学环境及活动对学生的影响以及影响的程度。

第二，体现社会反馈。高校培养的人才质量好与坏，不仅仅只由高校自身来评价，还必须由社会来评价才能更加客观。人才是否适应社会发展的需要，是否学以致用，都由社会来评判。高校应该明晰社会的反馈、社会的需要，才能更好地改进和完善教育教学活动，提升教育教学质量。

第三，体现家国情怀。新时代新发展阶段，社会稳定，人民安定团结，高校生逢盛世，愈来愈成为国之重器。高校要“为党育人、为国育才”，立德树人，培养众多国家和社会需要的优秀人才、精英人才，成为奋发有为的社会主义建设者和接班人。这些优秀人才要有品德高尚的“鸿鹄之志”，要从内心深处时刻感应到崇高的历史使命感，要从行动上体现出深切的时代责任感，要为国家强盛和中华民族伟大复兴而读书，而努力奋斗。对此，中国政法大学本科教育建设早已明确。因而，考量学校立德树人成效的指标体系也应体现家国情怀，反映学生的精神世界及价值取向。

2. 指标体系制定的主要内容

学生的学习成就和社会反馈可以表现在方方面面，但都可以看作是学生的各种能力和素养的提升以及社会对此的反馈。以指标体系的三个基本要求为核心，我们选取了以下七个方面来突出地展示学生的学习成果、学习效果和社会反馈。这七个方面涉及学生从思想到行动及结果的过程，涉及其思想状况、基础及专业的各种能力以及其实践能力和被社会认可的社会竞争能力，涵盖学生在学期间的主要学习和活动的内容，从学生角度而非管理者或监督者的监督角度来反映学生的培养质量。

第一，学生的思想政治素质。该方面可以衡量学生是否具有家国情怀，胸中有丘壑，能否心怀祖国，将为国家强盛而努力读书作为学习的根本，是否具备了正确的价值观、人生观、世界观等，由此可以反观学校在践行“为党育人、为国育才”根本任务方面的成果和效果。学生的政治素养的考量可以通过学生每年入党人数、学生每年参军人数、学生参加校内外公益活动情况、学生社团活动内容、学生中是否存在意识形态问题等方面来进行。

第二，学生的基本能力和素质。该方面可以考量学生是否习得了所学专业的基本知识与基本技能、是否具备基本身体素质和为人处世的品性、基本的表达和交际能力，由此可以反观学生是否具备学习本专业需要的基本条件，是否遵守了学校的校规校纪等。

第三，学生的专业能力和素质。该方面可以考量学生是否习得了本专业的专业知识和技能，是否培养起来本专业的专业精神，如法学专业的法治精神，是否具有表达和交流本专业知识的能力等，由此可以反观学校的课程体系建设和学校的教育教学育人环境。

第四，学生的实践能力。该方面可以考量学生是否具备了初步地学以致用的能力，是否获得社会认可的能力，由此可以反观学校的实践教学体系和校外实践在学生成长中的作用。

第五，学生的创新能力。该方面可以考量学生是否具备了成熟地学以致用的能力，是否具有能在所学的知识和技能基础上活学活用、举一反三，自己研究和创新性的解决问题的能力，由此可以反观学校在打造学生灵活自主学习、自主发展的能力方面的成效。

第六，学生的人格发展能力。该方面可以考量学生是否具备了正常和积极的人格，能否抗压抗挫折，是否存在心理问题，是否会做出负面极端行为，是否能与人和睦相处、团结工作，这对于实现教育目标，扛起中华民族伟大复兴重任而言是极为重要的。

第七，学生的社会竞争能力。该方面可以考量学生作为一个优秀人才在多大程度上得到了社会的承认和肯定，学生的就业状况是否良好，就业去向是否达到了学生的就业意愿，高校作为一个整体是否得到了社会的肯定和称赞，是否得到了良好的社会声誉等，由此可反过来佐证高校的教育质量的高低。

（二）指标体系

根据新时代高等教育的使命精神、遵照党和国家的大政方针，遵照“新时代高教 40 条”，结合学校的《行动方案》和已有的校内外指标制定基础，综合考虑中国政法大学法科为主的高校类型，围绕制定中国政法大学本科生人才培养质量和社会评价的三个基本要求和七个方面的主要内容，制定中国政法大学本科人才培养质量和社会评价指标体系如下。其中，七个方面的内容作为一级指标，每一个一级指标赋分 100 分，总分 700 分。一级指标下设二级指标，二级指标下列出考察重点，每一个考察重点都根据其自身重要性赋有不同的分值，所有考察重点的分值之和即为人才培养质量和社会评价的总分。总分越高，说明人才培养质量和社会评价越高，反之越低。[1]具体指标体系列表如下。

表 1　中国政法大学本科人才培养质量和社会评价指标体系

（本表以学生的学习成就和社会评价为核心编制而成）

一级指标	二级指标	考察重点	分值
1. 学生的思想政治素质（100 分）	1.1 学生的理想信念和家国情怀	1.1.1 每学期思政课到课人数	20
		1.1.2 每年入党人数	10
		1.1.3 每年参军人数	10
		1.1.4 每学期参加校内外公益活动次数	10
	1.2 学生的意识形态状况	1.2.1 每年社团传播正能量的活动次数	20
		1.2.2 每学期参与党组织活动次数	10
		1.2.3 每年出现意识形态问题的次数	20

〔1〕 指标体系的评分标准需单独制定。

续表

一级指标	二级指标	考察重点	分值
2. 学生的基本能力和素质（100分）	2.1 学生的身体和形象素质	2.1.1 每周课后参加健身和体育活动的大概次数	10
		2.1.2 每年体育课成绩良好的人数	10
		2.1.3 每年参加文艺表演的人数	15
	2.2 学生的品德素养	2.2.1 每年学生之间打架斗殴的次数	15
		2.2.2 每年好人好事受到校外组织和个人表扬的人数	20
	2.3 学生的基本学习能力	2.3.1 每学期学生违规违纪的人数	15
		2.3.2 每学期参与课堂讨论热烈程度	15
3. 学生的专业能力和素质（100分）	3.1 专业技能及精神	3.1.1 每学期专业课考试获得优秀的人数	30
		3.1.2 每学期与专业对口的行业标准考试通过人数	20
		3.1.3 每年申请转专业的人数	15
	3.2 语言素养及国际视野	3.2.1 每年选修春秋季国际课程成绩良好的人数	20
		3.2.2 每年选修暑期国际小学期课程成绩良好的人数	15
4. 学生的实践能力（100分）	4.1 校内实践	4.1.1 每学期参与模拟法庭的人数	20
		4.1.2 每学期参与法律援助的人数	20
	4.2 校外实践	4.2.1 每年的专业实习成绩	30
		4.2.2 每年校外实践成绩（如实践基地）	30
5. 学生的创新能力（100分）	5.1 深度学习能力	5.1.1 每年优秀毕业论文篇数	15
		5.1.2 每年优秀学年论文篇数	10
		5.1.3 每年参与教师科研项目人数	10
		5.1.4 每年发表学术论文篇数	15

续表

一级指标	二级指标	考察重点	分值
	5.2 自主创新能力	5.2.1 每年国际辩论比赛成绩	20
		5.2.2 每年国内创新比赛成绩	15
		5.2.3 每年校内创新创业项目得优秀的项目数	5
		5.2.4 每年参与立法的人数	10
6. 学生的人格发展能力（100分）	6.1 抗压抗挫折能力	6.1.1 每学期心理咨询次数	20
		6.1.2 每学期负面极端行为次数	30
		6.1.3 每年见义勇为人数	20
	6.2 团结合作能力	6.2.1 每年学生与学生之间人际关系状况	20
		6.2.2 每年学生与教师之间关系状况	10
7. 学生的社会竞争能力（100分）	7.1 就业率和就业方向	7.1.1 每年就业率	10
		7.1.2 每年就业方向	25
	7.2 用人单位的反馈	7.2.1 近五年招收和接受本校学生的意愿	10
		7.2.2 近五年用人单位对本校学生工作能力的评价	15
	7.3 校友态度	7.3.1 近五年校友对本校的评价	10
		7.3.2 近五年校友对本校的支持（如捐赠等）	10
	7.4 学校知名度	7.4.1 近五年高考学生及家长对学校的评价	10
		7.4.2 近五年社会人士对学校的评价	10

四、结语

普及化阶段的高等教育，虽然规模仍然会继续扩大，但教育质量绝不应该下降，而是应该继续提升，肩负中华民族伟大复兴大任的人才培养质量应该更高。新时代新征程，中国政法大学必定会团结全校师生，继续践行《行动方案》和目标责任制，向中国特色世界一流的法科强校目标奋力前行。

公共管理按类招生与培养改革研究

——以中国政法大学为例

马建川 *

一、我校公共管理类招生与培养的出台背景

19世纪，纽曼提出了在欧洲产生重大影响的自由教育，认为大学要传授普遍知识。[1]1829年，美国博德学院的帕卡德教授提出："学院应该给青年一种通识教育，一种古典的、文学的和科学的，一种尽可能综合的（comprehensive）教育，它是学生进行任何专业学习的准备，为学生提供所有知识分支教学的基础，这将使得学生在致力于学习一种特殊的、专门的知识之前对知识的总体状况有一个综合的、全面的了解。"[2]自20世纪40年代起，普通文化知识的通识教育就已经成为欧美高等教育的重要特色之一，也成为高等教育的发展趋势。

长期以来，我国高等教育过于突出专业教育，带有严重的科学主义和工具主义的色彩，忽视了教育的根本目的是提高人的素质与能力，使人得到全面发展，长此以往将使大学教育不可替代的正当价值严重流失。进入21世纪以来，我国高等学校大力进行

* 马建川，中国政法大学政治与公共管理学院教授。

〔1〕［英］约翰·亨利·纽曼：《大学的理想（节本）》，徐辉、顾建新、何曙荣译，浙江教育出版社2001年版，第23页。

〔2〕李佳：《近代中国大学通识教育课程研究》，浙江大学出版社2010年版，第11页。

了通识教育改革，通识教育得到了快速的发展。

我国通识教育的主要做法包括开设通识教育课程和按类招生两种。

开设通识教育课程的做法主要是：改变课程设置，增加全校、全院通选课程，修改培养方案以提升学生的综合能力。

按类招生的做法主要是：消弭专业差距，在高校招生之初采取按类招生。主要包含：一是按院系招生。即在同一院系或只是几个专业中，不分具体专业，只按院系大类填报志愿，在本科阶段前两年统一学习基础课，大三时根据自己的兴趣和双向选择的原则再进行专业分流；二是设置“基地班”或一些特殊实验班招生。这些实验班也不分专业，实施的是“通识教育”，比如北京大学的“元培计划实验班”、清华大学的“人文科学实验班”等。

二、我校公共管理类招生与培养的基本做法

（一）基本做法

1. 按类招生

我校主要采取第一种按类招生方式：将商学院中工商管理与国际商务专业结合进行按类招生，政治与公共管理学院中政治学与国际政治、行政管理与公共事业管理两两对应按类招生。其中，工商管理与国际商务专业、政治学与国际政治专业两类已取消按类招生，2013 年以后仅余行政管理与公共事业管理专业还保留按类招生。

2. 一年半的通识教育

许多学校按类招生后的培养，是大一大二进行通识教育，其中大一进行全校通识教育，大二进行全院通识教育，到大三才进行专业教育，而我校为了提供更充裕的时间供学生们进行专业学习，则是将大二的全院通识教育减为半年，即第二年只进行半年的全院通识教育，在第三学期末期选择专业，自第四学期开始学生归入具体专业进行教育并毕业。

3. 分专业依据自愿选择为主

由于在第二年或第三年选专业时，有些专业会比较火爆，而相对的有些专业会鲜有人问津，所以许多学校会通过按成绩排名和双向选择的方式

进行专业选择，这样在教师和同学的影响下，学生自然会在备选的几个专业间分出优劣，不利于专业与学生自身的发展。我校在第三学期末期选择专业时，选择专业的依据主要是学生自愿选择，同时告诉学生如果某些专业选择人数太少时，学院可以结合成绩排名确认学生的自主选择，以招满最低人数，相对平衡教育资源。尽管选择专业是每年严重困扰学院和学生的难题，但经过每年的选择专业讲座或指导，基本可以满足开班要求。

（二）实施的基本情况

我校自2006年开始设置公共管理大类，自2007年开始实施行政管理专业和公共事业管理专业按照大类进行招生和培养，到第四学期再根据学生选择，把学生分到具体的专业培养。至2017年我校共毕业了七届毕业生。

我校行政管理设置于1985年，当时专业名称是思想政治教育，1989年改设为行政管理专业，是教育部批准的最早的四个行政管理专业之一。行政管理学专业的培养目标是培养能够胜任在各级国家机关、公共组织、企事业单位和其他社会组织中从事行政管理工作以及在高校及科研单位从事行政管理教学、科研工作的高素质人才。

我校公共事业管理专业是于2001年经校学术委员会论证和审核，学校批准设置的本科专业，自2002年开始招生。公共事业管理专业的培养目标为培养具有厚基础、宽口径、高素质、强能力的公共事业管理专门人才，培养能够在各级党政机关、企事业单位，特别是各种公共组织中从事管理工作、相关研究和教育工作的高素质人才。

公共管理大类的行政管理和公共事业管理两个专业，由于其核心价值观、公共伦理、管理技能等教育内容的相似性，教学课程体系由学校通识课、公共管理类通识课和专业课三个平台课构成。两个专业的学校通识课一致、学院通识课一致、专业必修课略有出入。而且，两个专业各自开设的课程互为对方的选修课。除了专业视角与特色不同外，课程体系具有很大的互补性。经过多次论证和教学体系改革，教学平台和课程体系日益优化，基本合理，具有实施按照大类进行招生与培养的基本条件。

2006年，我校将商学院中工商管理与国际商务专业结合进行按类招生，政治与公共管理学院中政治学与国际政治、行政管理与公共事业管理两两对应按类招生。由于实施中的种种困扰，我校先取消了工商管理与国际商务专业的按类招生，后因同样原因又取消了政治学与国际政治专业的按类招生，仅余行政管理与公共事业管理专业还保留按类招生。公共管理类被保留的原因是保存改革成果，不能全部倒退回去。两两对应的按类招生与培养模式，由于制度本身存在的缺陷，使得实施以来，虽然产生了一些成绩，但方方面面的困扰众多，已经成为令学生和家长、教师和学校多年困惑的难题。

三、我校公共管理按类招生与培养的成绩与问题

（一）取得的主要成绩

1. 淡化了过于狭窄的专业区分，强化了通识教育

通识教育打破了专业教育带来的严重科学主义和工具主义的局限性。通识教育价值在于唤醒人的“主体性”，以促进“人的觉醒”。其目的在于传授大学生所需要的共同知识，以作为个人处世和学会学习、学会研究的基础，养成现代公民所必备的态度、理想、知识技能，以期能在社会中美满地生活；是希望能够唤起人的自我意识的觉醒，建立个体独立思考、分析、判断能力与发展个体的价值体系，激发其对所处的人文及自然环境产生互为主体的认识与关怀。因此，通识教育对于建构学生的健全人格，培育匡世济人的博雅人才有着重要的意义。

2. 扩大了学生的视野，优化了学生的知识结构

专业教育表现为强调专业知识与技能养成的单一模式，往往设置口径狭窄的专业，培养出来的学生只熟悉自己的专业领域，而对其他领域则所知有限。高校人才培养正在经历从“专才”到“通才”的转变，“厚基础、宽口径”成为一种潮流。加强基础教育、通识教育和课程综合，是改革人才培养模式的基本途径。按学科大类招生，学生在入校后一年半的时间主要学习通识课程和大类基础课程，在专业分流后才进入各自专业领域的知识学习，有助于为学生打下宽厚的学科知识基础，优化学生的知识结构，奠定学生未来职业生涯的基石，对于培养复合型、综合型、应用型的人才具有重要意义。

3. 强化了学生的能力，突出了素质教育的效果

按类招生为学生入校后提供二次专业选择的机会，专业分流工作是在大学第三个学期之后进行，学生与入学前相比，进一步加深了对专业与自身的了解，减少了入学前选择专业的盲目性，缩小了专业选择和就业方向之间的误差。学生可以根据自己的兴趣、爱好和特长选择适合自身发展的专业方向，激发了学生对专业选择的理性思考，进一步唤醒学生的自主意识，学习的目的性和方向性更强。

大类招生政策坚持以“厚基础，宽口径”为原则。所谓厚基础，就是强化做人的人格素质基础和强化做事的职业能力基础。所谓宽口径，就是根据人才培养目标要求，以社会需求为导向，突破单一学科式设置模式，实行按大类专业招生与培养，以适应高等教育大众化、社会人才需求多样化的要求，实现学生的自主学习、持续发展和个性发展的培养目标。通识教育可以强化学生的文化底蕴和综合能力，提高学生的创新意识和创新能力。

4. 增加了学生就业的灵活性和广泛适应性

从国家建设、社会发展、科学研究及高等教育的实际需要来看，现代社会都需要更多知识面广，调适性强，具有分析、探索、创新能力的人才。高等教育已经从一次性教育变成了终身教育的重要一环。本科教育阶段的目标不仅仅是培养学生受用终身的专业技能，更应着重于培养学生不断求索创新的素质和能力，培养学生具备多学科交叉和综合的知识，了解掌握不同学科探索求知和创新求解的不同的方法、不同的路径和思维活动的特性，从而在快速发展的社会中，能够适应千变万化的岗位任务与挑战，能够独立自主地学习和掌握新知识、新技能。“大类招生”适应高等教育改革的趋势，较好地顺应了市场经济发展及社会生活多元化对人才的需求。

（二）公共管理按类招生与培养的突出问题

公共管理按类招生与培养虽然改革成效显著，但无论是对各个年级辅导员的访谈还是与师生的座谈，大家感觉到好处都是说出来的，而改革带来的问题则是实实在在的，非常彰显的，不仅年复一年地困扰学院、专业

和广大师生，而且迫在眉睫需要探讨和改变。

1. 公共管理类设置的问题

我校按类招生与培养的初衷是好的，但以多年实践来看，公共管理大类的设置存在先天不足和一定缺陷，这是导致其他问题丛生的根源。

公共管理一级学科在本科阶段有行政管理、公共事业管理、劳动与社会保障、土地资源管理、城市管理等五个专业，有些学校还有一些接近的专业如社会工作等或自设的专业如公共政策等，一般开放整个大类进行按类招生与培养，不宜只进行两两对应的大类设置。我校在公共管理类上，没有其他专业和自设专业，只存在行政管理与公共事业管理两个专业，进行两两对应设置大类，而不看其他条件或因素的影响，存在很大的设计风险，就很难实现按类招生与培养的效果。

行政管理与公共事业管理两个专业在国外是一个专业，具体的名称有行政管理、公共事务与公共政策、公共行政等；在我国，为了适应国家改革过程中多事务从政府往市场或社会转移的需要，产生了公共事业管理专业，把国际上的一个专业分成了两个专业。实际上，这两个专业区别不大，只是在一个学院教学培养，为了有所区别，一个侧重政府管理，另一个侧重公共治理，但都是对公共事务的管理，其价值导向、职业伦理、管理技能基本一致，没有显著的区分。所以，在这两个专业之间进行两两对应的大类设计没有实质意义。

办学历史悠久，拥有相对齐全和基本均衡发展的学科，各领域具有完备的师资以及相配套的教学计划是实行大类招生的一个基本的前提。我校既不具备相对齐全的学科，而且行政管理和公共事业管理两个学科也基本没有均衡发展的现状，不具备只在这两个专业进行两两对应的大类设置条件。行政管理专业设置于 1989 年，是改革开放后教育部批准的最早的四个本科专业之一，在国内具有办学悠久的地位，而且是学校的重点学科，学校较早就许可学生毕业时可以选择管理学学位或法学学位，这在以法学为主的学校具有极大的吸引力。从国内来说，其从本科、硕士、博士教育具有完整的教育体系。从世界范围来看，自 1930 年前后行政学在高校教育肇始到 20 世纪 70 年代，国际教育界通过 40 多年的高校教育实践，对教育的范围、专业的价值观、职业伦理、管理技能取得了共识，形成了规范的教育教学体系，是一个成熟的学科。而公共事业管理专业只是1997年以后，为了适应中国的改革特色，而产生的一个本科专业，在大学的扩校风和扩招风中在全国遍地开花，但不具有悠久的办学历史，公共事业管理的主体是谁、客体有哪些、教育的价值观、职业理论和管理技能是什么，都众说纷纭，很难定论，到目前还很难形成科学的具有独立价值的专业教育体系。况且，公共事业管理学生毕业只能申请管理学学位，不能申请法学学位。公共事业管理只在本科专业目录里有这个专业，而在研究生专业学科目录里没有这个专业，全国没有一个高校设有公共事业管理研究生专业。所以，公共事业管理只是一个专业，还不是一个学科，更遑论是一个成熟的规范的专业或学科了。因此，在一个办学历史悠久、成熟规范的学科与一个办学时间很短、还没有成熟规范的学科之间进行两两对应的大类设计，只是看起来很美好，结果就可想而知了。

行政管理与公共事业管理两个专业在社会认可度方面也存在很大的区别。学生家长往往认为，政法大学的优势就在于法学和政治与政府管理，所以，在全校来说，读法学成为热门，就政治与公共管理学院来说，读政治学或行政管理成为热门。社会认可度的区别是政治学大类的政治学与国际政治两个成熟专业不能坚持下去，而取消大类教育的原因之一。这也是公共管理类行政管理和公共事业管理按类招生艰难前行、进退两难的原因之一。

公共事业管理专业自成立以来，在师资力量和教育体系的设计与完善方面下了很大的力气，取得了显著的成绩。近年来，曾任教的专任教师11人，其中教授5人，副教授4人；博士9人，毕业于法国与日本3人、北大1人、清华大学6人、社科院1人；博士生导师2人，硕士生导师8人。师资力量在全国公共事业管理专业来说名列前茅。多年来，专业教师对专业定位、教育教学体系进行了长期的论证，与国内外学者进行了广泛的交流，在公共治理的专业定位下突出地方治理、社会保障、风险治理与危机管理特色，教育教学体系也基本成型，得到了国内同行的认同，公共事业管理专业的培养方案在全国也具有领先地位。公共事业管理在国内是一个新生专业，在未按类招生时，我校的公共事业管理专业也办得风生水起，但在按类招生以后，则成为弱势专业，只靠专业教师的努力也很难根本改变这一困难局面。如果说师资力量没有问题，教育体系也没有问题，而且按类招生以前就业也没有问题，而按类招生以后问题丛生，那么还办不办这个专业，如何办好这个专业是一个需要认真对待的问题。

2. 专业分流导致的学科失衡与资源配置问题

在专业分流方面，行政管理专业与公共事业管理专业，存在成熟学科与新兴学科、历史悠久与早期创建、社会认可度较高与社会不太了解、学校重点学科与非重点学科、有研究生教育体系与研究生教育体系不明确、可以申请管理学或法学学士学位与只能申请管理学学士学位等区别，两个专业两两对应按类招生进行分流，家长的干预与随大流的从众文化的影响，学生分流时报志愿的结果可想而知，两个专业冷热不均，严重失衡，且逐年强化。两两对应按类招生进行分流的做法，势必将其中一个专业“妖魔化”，形成弱势专业的刻板印象。每年分流时对学院和专业都是难关难过年年过，需要进行痛苦的专业分流指导和工作，公共事业管理专业才能保证招到 15 人以上的最低人数，保证能够开班。

在资源配置方面，由于分流后学生人数严重失衡，也导致了资源的紧张和浪费。实行大类招生与分流培养，需要实行相配套的选课制与导师制，需要一定数量的教师，教学资源需要新的组合和分配。但在行政管理专业与公共事业管理专业间，我校出现教师数量相对分布不均的情况。公共事业管理专业学生少，开始按类招生以来平均每年选此专业的学生最多只有 24 人，最少仅 17 人。这就导致不少选修课由于人数不够而开不成，而且每个教师所带的学年论文和毕业论文也非常少，师生比很小，十分优秀的师资力量面临浪费的风险。行政管理专业学生多，每年选择行政管理专业的学生不下 90 人，有时还会达到 100 多人。这就使得行政管理专业教师不够，只能大班上课，到了学年论文和毕业论文指导时也会因为老师的工作量较大而难免顾此失彼。这时，还必须请求公共事业管理专业的教师支援，才能完成学年论文和毕业论文的指导。

3. 公共事业管理专业的学生心理与素质问题

在学生素质方面，由于不愿违背学生意志，基本强调以学生意愿为主，但为了保证达到开班要求，学院往往告知学生，如果报名公共事业管理的人数较少，就结合前一年半通识教育的成绩排名来进行分流，这样，在公共事业管理专业就容易产生明显的心理和素质问题，影响到分流和毕业时的就业。

学生心理与素质问题表现在：

（1）部分学生由于入学时没能报上法学类专业，而又在大二分专业时没选上中意的行政管理专业，而心情低落，更不愿意学习公共事业管理专业。

（2）选专业使得学习不好的学生被迫去选弱势专业，自己的学习能力不强与专业不好的心理暗示被结合并强化。同时，成绩低的学生分到公共事业管理专业也给所有选此专业的学生以此专业不好的暗示。

（3）据辅导员说，有部分学生选择公共事业管理专业是因为在原来班上关系不太好，为了进入新专业、有新环境才来选此专业，性格比较孤立的学生的进入会使人数较少的公共事业管理专业班级凝聚力下降。

（4）小众心理的学生占其中一部分。在选专业时，大多数人选择行政管理专业，其中不乏随大流选择的。而少数选择公共事业管理专业的学生则有可能是因为自我封闭性较强，而不随大流。这些比较特立独行的人在就业面试或其他场合可能会比较死板，进而影响就业。

（5）选专业之后，学生素质差距较大，呈两极分化态势。依据对各年级辅导员的访谈得知：选专业时，同学关系不融洽的、可能学习成绩较差而被调剂的占主动要调到公共事业管理专业人数的20%。相对地，部分同学是希望以后出国或是去非政府组织（NGO）就业，对行政管理专业不感兴趣，而选择公共事业管理专业。这就造成了班内学生素质的两极分化。由于该专业人数较少，即使只有个别人不能毕业或找不到工作，都会严重影响就业率。

4. 公共事业管理专业的就业问题

通过对比公共事业管理专业在按类招生前后部分年份的就业数据，可以看出，在2008年教育部来我校评估时在我校新专业就业率中排名第一，但在2011年按类招生的第一届学生毕业时却成为就业率最差的专业，反差巨大（由于按类招生前后就业数据典型反映出就业率的反差，2012年以后的年份就业数据变化不大，故本文只选取了2006—2012年的就业数据进行分析）。

表1　按类招生前后的就业率对比

年　份	总人数	就业人数	就业率%
2006	33	33	100
2007	36	33	91.67
2008	39	38	97.44
2011	27	21	77.78
2012	19	17	89.47

从表1可以看出，按类招生前，公共事业管理专业的就业率比较高，可是按类招生之后，就业率有所下降，2011年就业率全校排名倒数第二，2012年就业率全校排名倒数第一。究其原因，虽然有全国经济发展速度下降，总体就业形势不容乐观的大背景影响，但反差如此巨大并不合理，而按类招生后分流的结果使得学生素质下降则影响更大。

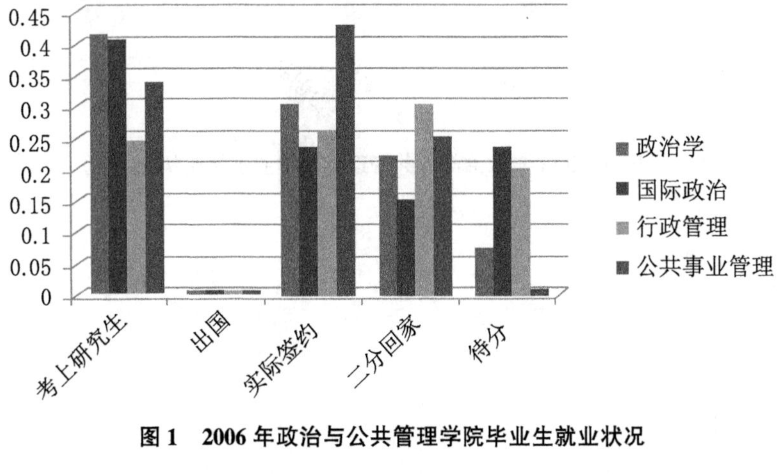

图1　2006年政治与公共管理学院毕业生就业状况

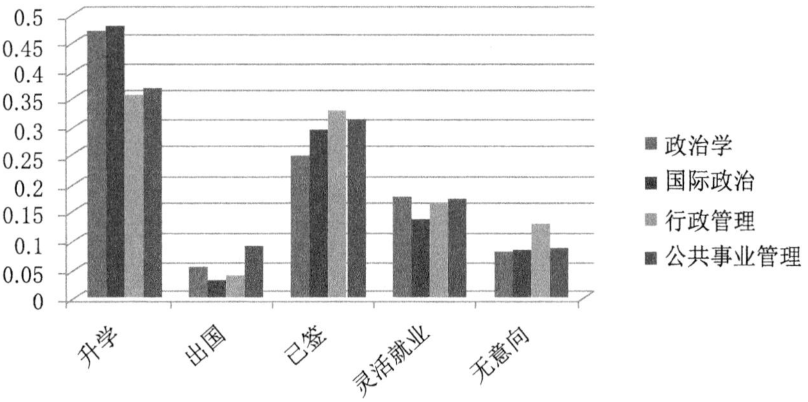

图 2　2007 年政治与公共管理学院毕业生就业状况

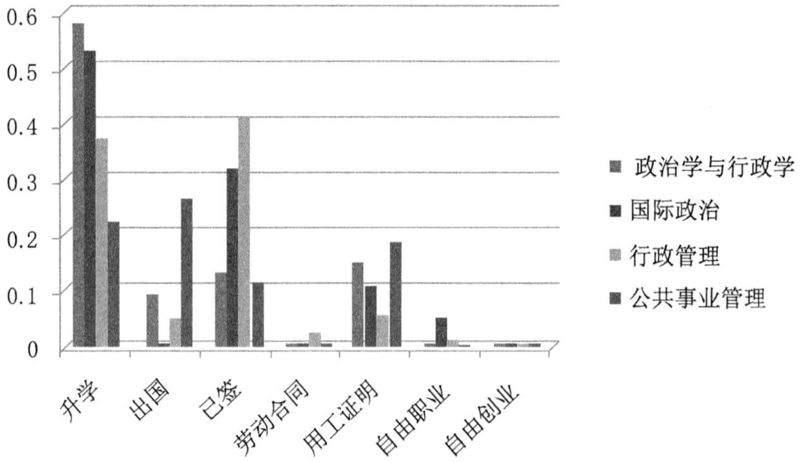

图 3　2011 年政治与公共管理学院毕业生就业状况

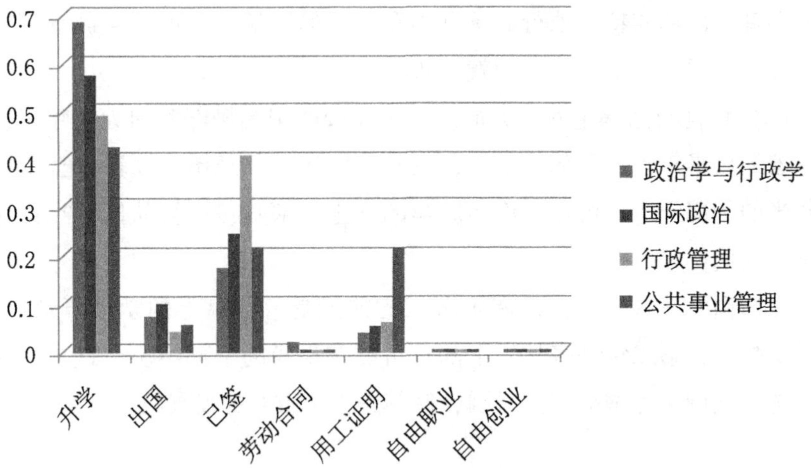

图 4　2012 年政治与公共管理学院毕业生就业状况

从图 1 至图 4 可以看出，2006 年与 2007 年，公共事业管理专业的毕业生升学比例在全院专业中还比较高，但 2011 年与 2012 年的毕业生考研、升学比例就明显低于全院其他专业了。可见按类招生的培养方式还是对公共事业管理专业的学生素质与就业有一定的影响。另外，从 2006 年、2007 年与 2011 年、2012 年签订就业协议的对比数据来看，按类招生之后，公共事业管理专业的毕业生签订就业协议人数比例由 2006 年的明显高于其他专业降至 2012 年的只有 20%左右。

5. 管理问题

（1）学生方面。一年半之后选专业，就必然带来同学间、学生与老师间需要一个再认识的过程。在由调剂生组成的新班级中，学生相互之间较为陌生，交流甚少。部分学生对新班级的集体活动参与度不高，甚至出现较多的课堂缺勤情况，班级凝聚力不强，给班级管理工作带来了诸多新问题。由于未能进入自己理想的专业，会对新专业不认同，容易出现厌学、抵触情绪，甚至在心理上出现自卑感，学习积极性受到挫伤。而由于受到成绩排名决定专业选择的心理暗示，对号入座选择分流到公共事业管理专业的成绩较差的学生，往往会强化自己学习不好的心理，不但影响到以后的学习成绩和毕业情况、就业情况，而且会影响到其形成健全的人格和健康的心理。而那些特立独行的具有小众心理的同学，也可能会影响班级的人际关系、积极氛围和将来的就业状况。

(2) 评优与选调生考试方面。由于我校的按类培养时间为一年半，就意味着最后半年当选干部的学生，只有半年的干部经历，而评优至少需要一年半的干部经历才可以，许多同学的学生干部身份不被认同，在评优时处于不利地位。

在选调生考试方面，选调生考试的前提是一年以上的学生干部经历，而通识教育的第二年许多学生干部只可能有半年的干部经历，这也成为其不能进入选调生考试范围的原因，使其失去了重要的发展机遇。

四、其他高校按类招生与培养的经验借鉴

(一) 按类招生与培养情况

依据2009年的调查数据，从目前我国高校实施按类招生的现状来看，重点大学高于地方院校，综合性大学高于专科类大学。在全国“211工程”院校中，综合性大学有40所，其中31所高校实施按类招生，比例达到了77.5%，而其中的理工科类大学、财经类大学、农业类大学、医药类大学、师范类大学实施的比例都没有超过50%。地方高校实施按类招生的学校与重点大学相比相对较少，即使是实施按类招生的大学，开设的大类也很少。

1. 云南大学

云南大学实施“按需招生、按类培养、两次分流、弹性学制”的十六字方针。

云南大学公共管理学院设有社会学、社会工作、政治学与行政学、行政管理、公共事业管理、信息管理与信息系统、档案学、国际政治8个专业，其中公共事业管理专业为国家级一类特色建设专业。学院实行低年级按学科类培养，高年级分专业培养。为学生提供两次选择专业的机会，允许学生一年级末自愿申请在全校范围内选择专业（包括本学院所属专业），允许学生二年级末在学科范围内自主选择专业。

2. 复旦大学

复旦大学对通识教育的探索起始于20世纪80年代，时任校长谢希德提出要借鉴国际先进的本科生培养经验，试行“通才教育”。2005年9月，复旦学院正式成立，学校率先在国内实质性地推进通识教育改革。行政管理专业与公共事业管理专业分属于不同学院、不同大类。行政管理专业属于国际关系与公共事务学院、社会科学门类、社会科学试验班，公共事业管理属于公共卫生学院、经管门类、经济管理试验班。社会科学试验班包含5个专业，经济管理试验班包含14个专业。两大类全面实行通识教育。公共管理专业（卫生事业管理方向）学生前两个学年在复旦邯郸校区学习公共基础课程和经济管理基础课程，第三、四学年进入复旦枫林校区学习专业基础和专业课程。

3. 武汉大学

武汉大学政治与公共管理学院涵盖政治学、公共管理两个一级学科，其中政治学学科的历史可追溯到20世纪初，公共管理学科起步于20世纪80年代，均为全国同类学科建设最早的单位之一。招生的本科专业有：政治学与行政学、外交学（国际事务）按政治学类专业大类招生；行政管理、公共事业管理、劳动与社会保障（公共经济与社会保障）按公共管理类专业大类招生。公共管理类在入学后第一年，在公共基础课和专业基础课学习阶段，采用同一公共基础课平台和专业基础课平台进行培养；一年级末，在学生对专业已有一定了解的基础上，根据其学习成绩、综合表现、兴趣、专长、发展方向和社会需求，分别进入相关专业继续学习。

4. 暨南大学

暨南大学是在国内率先实行“大平台招生”的院校，就是按学院的类别进行招生，考生报考时只须填写类别，无须写明报考专业，学生入学后接受系统的基础教育，一年半或两年后再根据个人的兴趣、爱好、对专业的了解和学习成绩来确定专业方向。但该校从2007年起全面叫停“大平台招生”，恢复按专业招生。该校取消大平台招生是总结以往教学管理经验后的举措，因为大平台招生后在教学和学生管理上存在众多问题，突出表现在学生专业两年后才确定，没有明确的专业目标和追求，对专业学习不利，也给学籍管理带来麻烦。

（二）主要经验

纵观很多高校按类招生的经验，通识教育培养厚基础、宽口径、高素质、强能力的专门人才是众院校的教育宗旨与潮流。大部分院校都是多院系多专业供学生选择。尽管如此，面对存在的多方面困境，很多院校在课程设置方面进行了完善以适应学生选择专业，但也有不少院校取消了按类招生的招生方式。

总结各个高校的按类招生与培养的情况，有以下经验可以借鉴：

1. 设置基础

并不是所有的学校都适合进行大类招生，办学历史悠久，拥有相对齐全和基本均衡发展的学科，各领域具有完备的师资以及相配套的教学计划是实行大类招生的一个基本的要求。这也是进行按类招生的综合大学多于多科性大学或专业院校，重点大学多于一般院校的主要原因。无视办学能力和教学水平，盲目扩大招生口径，将会出现学科、知识体系相互割裂的现象，最终影响办学水平和人才培养质量。

2. 分类标准

按“大类”进行招生，“大类”必须设置得合理。许多院校按照学院设置大类，一个学院一个大类，如果学院涵盖的学科较多且横跨几个一级学科甚至横跨一些门类，则由于专业的属性区别较大，就很难制定科学合理的大类教育体系。一些院校还出现了跨学院设置的大类，其跨学科跨学院的情况也较难进行课程体系安排和进行学生的管理。即使按照国家颁布的学科专业目录设置大类，也会存在一定的问题。比如专业办学历史、学科发展状况、建设的规范化程度、社会需要的情况、专业社会吸引力等如果存在重大区别，则按类招生与培养就很容易出现问题。一般来说，不宜在两个专业之间进行按类招生，容易产生对其中的一个专业“妖魔化”的结果。

3. 专业选择原则

按类招生的专业分流，在充分考虑学生志愿时，应实事求是地综合考虑学校的办学条件、专业建设水平、师资力量、社会需求、学生在通识教育期间的成绩排名等因素。有些学校完全按照学生的志愿进行专业分流，致使各专业不能协调发展。有些院校以学生在通识教育期间的成绩排名来确认学生志愿的有效性，来最终确定专业分流，也导致了把学生分为三六九等和把一些成绩较差的学生分流到一个专业导致专业弱化的情况。学校应该综合考虑并设置每个专业的分流计划数，并确定合理的分流原则以及专业建设政策。对于由于按类招生导致的分流选择人数不多的专业，要采取保护政策，继续扶持。

4. 分流管理问题突出

按学科大类招生“看起来很美”，往往成为一些高校招生中吸引眼球的噱头，其真正的利弊得失难于定论，争议很大。首先，专业分流时人为地将学生分成了三六九等。依据等级而享受不同待遇的做法，违背了教育的基本价值，也受到学生和家长的非议。其次，加剧了“热门专业”与“冷门专业”之间的结构性矛盾。按照入学后的 1 年至 2 年的通识课学习成绩（学分绩点）排名进行分流。使得成绩排名靠前的“优秀学生”聚集到“热门专业”，其他学生分流到“冷门专业”，容易形成恶性循环。再次，学生理性选择专业成为一厢情愿。按类招生的本意在于打破专业选择一次定终身的状况和保障学生的专业选择权，但实施的结果证明，受从众行为、父母包办等因素的影响，个人特质与专业、职业的适配关系很难成为学生在选择时真正考量的因素。复次，专业分流容易产生暗箱操作。每到专业分流的时候，很多学校都感到压力特别大，来自方方面面的干扰很多，暗箱操作的可能性大大增加。最后，学生的管理问题突出。按学科大类招生再细分专业时，学生以往的人际关系、班级、宿舍、成绩档案等面临重新调整，学生的专业归属感、学校的管理连续性等都将面临考验，处理不当可能引发各种问题，还需要从学生心理引导、教学管理衔接等方面做更多深入细致的工作。

5. 需要完善大类招生配套政策

实施大类招生改革，不仅仅是培养方案和培养计划的简单修订，而是事关教育教学的个各个环节配套措施的整体改革，如招生、培养方案、培养计划、专业分流，再转专业、学籍管理、考核、辅修专业和双学士学习的设置、推免或考研的衔接等方方面面的改革，需要整体配套的政策保障。

6. 按类招生并不是唯一实现通识教育的方式

对许多高校来说，是继续按类招生，还是退回按照专业招生，是一个进退两难的选择。虽然通识教育是高等教育的发展趋势，但是，按类招生与培养的实践受到各种因素的影响，致使改革的替代方案在解决了一些问题的同时，也制造了一些问题，取得的成效与带来的风险同时存在，应该根据实施的效果和学校的校情，调整和丰富通识教育的模式。实践表明，按类招生只是一个形式，通识教育才是根本，只要在低年级进行了通识教育，达到了通识教育的目的，是否按类招生不是根本性的问题。

五、我校公共管理按类招生和培养的改革完善

(一) 公共管理按类招生和培养方案的深化改革

通过上述对公共管理按类招生和培养模式进行的分析评估，可以总结出一个重要经验，即通识教育是高等教育的发展趋势，但是，按类招生和培养并不是通识教育的唯一形式。在找到存在的困扰的基础上，坚持公共管理按类通识教育改革成果，改变通识教育的具体形式，成为我校改革完善公共管理按类招生与培养模式的重要命题。

2017 年，我校在保留通识教育的前提下，改变了通识教育的具体形式，取消了公共管理按类招生与再选专业的具体做法，学生按照行政管理专业与公共事业管理专业两个专业分别独立招生。具体包括以下几个方面内容：首先，保留通识教育与培养的精华，继续实行行政管理专业与公共事业管理专业校通识课与院公共管理类通识课的教育内容。其次，在保留通识教育的前提下，取消公共管理按类招生与再选专业的具体做法，学生按照专业独立招生，但按照通识教育的内容进行培养，即改变通识教育的具体形式。最后，学生入学后可以申请专业调整，进行一定比例的调节。在高考入学时第一次选择专业的基础上，保障学生有第二次自由选择专业的权利。

（二）改革的初步成效

1. 保留了通识教育实质

公共管理类通识教育课程内容包括校通识课程与公共管理类通识课程，其中，校通识必修课19门，45学分，校通识选修课限选18学分；公共管理类通识必修课9门，27学分，公共管理类通识选修课限选8学分。校通识必修课包括军事理论、思想道德修养与法律基础、习近平新时代中国特色社会主义思想概论、中华文明通论、西方文明通论、马克思主义基本原理、中国近代史纲要、毛泽东思想与中国特色社会主义理论体系概论、形势与政策、外国语、体育等课程。公共管理类通识必修课包括政治学原理、管理学原理、社会学概论、高等数学（一）、高等数学（二）、公共管理导论、公共经济学、社会保障学、社会科学研究设计等。

2. 初步化解了管理难题

首先，学校教育资源的配置得到了优化。由于分别独立招生，学生在公共管理类中再选专业导致的各专业学生人数失衡问题得到了解决，公共管理类两个专业的师生比进一步优化。其次，有效化解了再选专业的困惑。以往极大困扰学校、学生及家长的入学一年后再在公共管理类两个专业中二选一的问题不再存在。再次，提高了学生的素质。因选专业导致的学生素质与心理问题也迎刃而解，既不易产生因选择专业失败而对号入座地把自己暗示为学习成绩较差或心理有障碍的现象，也不易产生因个别学生素质因素带来的毕业率与就业率较低问题。最后，保障了学生重新选择专业的权利。按照《中国政法大学本科生转专业实施办法》的规定，符合条件要求的学生，在入学后第一学年的第二学期可以申请转专业，各专业转出学生不得超过本专业本年级人数的15%，其中申请转入法学专业人数不得超过本专业本年级人数的5%。法学以外专业接收不得超过该专业本年级学生总数的10%。自实施深化改革方案以来，2017级至2020级4个年级的同学共转到其他专业5人。另外，通过辅修其他专业、读双学位等制度安排，扩大了学生的专业选择权。

3. 提高了公共事业管理专业的美誉度

我校公共事业管理专业本来在师资力量、培养方案、学生就业、社会影响等方面在全国 600 多个相同专业中具有较大的优势，但按照深化改革前的公共管理类招生与培养方案，则使其专业趋冷、学生素质降低、就业率下降，极大地影响了专业的社会声誉。深化改革方案实施后，以上情势得到了很大的逆转，公共事业管理专业的社会美誉度得到了很大提升。公共事业管理专业于 2020 年被认定为我国国家级一流本科专业建设点；于 2021 年软科中国大学专业排名中，公共事业管理专业获评 A 类专业，在全国排第 18 名；深化改革后的第一届即 2021 届 26 名毕业生 100%就业。专业被“妖魔化”的情况不复存在，得到了学生、家长、社会与业界的高度认可和广泛好评，为迎接我国高考按照学科专业分组招录的挑战奠定了坚实的基础。